青春文庫

「おむすび」は神さまとの縁結び!?

暮らしの中にある「宮中ことば」

雅《みやび》な表現から知る言葉に込められた想い

知的生活研究所

青春出版社

前書き

今も昔も変わらぬ思い――
瑞々しい発想と気配りに満ちた
「雅な人々のことば」の
〝心〟を味わって

さて、突然ですが今ここに、とある女性がいます。連れてきた友人曰《いわ》く、「実は彼女、タイムカプセルにのって現代にやってきた過去からの使者」!? そして、彼女のお勤め先は、「恐れ多くも**御上**《おかみ》のおられる**内裏**《だいり》」、そう言って深々と首を垂れるのです。

アンタジーの主人公は、内裏で料理を担当

しているのだそう。さっそく、その腕を披露《ひろう》してくれることになりました。

買い出しから帰ってくるなり、キッチンへ籠《こも》った彼女を追いかけて、いろいろ話を聞いてみましたが……その言葉は同じ日本語とは思えないほどチンプンカンプン！

なんでも――。

立派な**あかおまな**があったのに、**むつかしい**ので**おたから**が足りず、**こしらえる**ことができなかった。

それで仕方なく**ひくかった**、**むらさき**を選んできたので、これからそれを**すもじ**にする。

それからもう一品、**あおい**を茹《ゆ》でたいから、**くろもの**と**せきも**

りを用意してほしい。

ご飯のあとには、**おいし**そうな**よふね**を食べましょう。

彼女が口にした言葉は、皇室の方々の住まいである禁中《きんちゅう》……いまでいう皇居で働いていた人々や、公家の方々が使った「**御所ことば**」、もしくは「**女房ことば**」と言われるもの。

その難解さから、かなり古い時代のものと思われがちですが、昭和初期まで宮中に勤めていた女官の方々も日常で使っていたそう。つまり、一千年もの昔に消失した言葉ではないのです。

しかも、その中には、今の私たちも愛用している単語も少なくありません。

たとえば、**おめしもの**や**おぐし**などの上品な物言い。

おじややおでんなんて庶民派の料理の名前も、宮中由来の言葉だなんて、なんだか不思議です。

さらに、「**おいしい**」なんて御馴染《おなじ》みのフレーズも、もともと宮中で用いられたそう。

「おいしい　**いしいし〜♪**」（34ページ）なんて、目を細めながら和スイーツをほおばる、**おおすべらかし**（169ページ）姿の女官の姿を想像すると、なんだかほほ笑ましいですね。

これらの「御所ことば」は、日本人らしい着眼点によって創造されています。多種多様な表現方法には、驚かずにいられません。

先にご紹介した「あかおまな」や「むらさき」などの豊かな色彩感覚（37ページ）。

「せきもり」や「よふね」は、ハイセンスな〝言葉遊び〟の賜物《たまもの》。「関守」「夜舟」と漢字で記すと、その意味に近づけます（42・43ページ）。

とても面白いのは、山ほどみられる「もじ」のつく言葉。その名のとおり、「文字言葉」と呼ばれます。「そもじ」をはじめ、「あ」「い」「う」「え」「お」すべて、文字言葉があります（46ページ）。

そして、特筆すべきは、気配りに満ちた物言いの多いこと！

先に種明かしをしてしまうと、「あおい」は「葵」のことで、「蕎麦《そば》」をさします。ではなぜ、「蕎麦」という名称を使わないのでしょうか？　その理由は当時、神と同格に考えられていた主上への畏敬《いけい》の念からでした（44ページ）。

他にも「おたから」「むつかしい」「ひくい」「こしらえる」などども、世俗的であからさまな言い回しを避けたものです（45ページ）。

宮中は**雲の上**（89ページ）の世界。言霊《ことだま》にすら世俗の垢を近づけないよう、工夫に工夫を重ねたのでしょう。

さて、こうして長い間、内裏（89ページ）で、培《つちか》われたのは、言葉だけにとどまりません。神代《かみよ》まで遡《さかのぼ》れるものもあるという有形・無形の〝宝〟は、かつての公家たちも担《にな》い手となって、大切に継承されてきました。

平成から新しい時代へと移り変わる、この稀有《けう》な機会だからこそ、そうした皇室文化や、皇室をとりまく用語、独特な表現に触れることをおすすめします。なぜならそこには、日本ならではの美しさや品格が、満ち満ちているからです。

目次

前書き
今も昔も変わらぬ思い――
瑞々しい発想と気配りに満ちた
「雅な人々のことば」の〝心〟を味わって……3

［第1章］
今に息づく表現の数々
その言葉、実は「御所ことば」！

あのころも今も美味なる哉《かな》 「おいしい」は時を超えて……21
数百年の寿命を誇る普段着の言葉 相も変わらぬ日常語……26

21世紀でも上品な語感　今も生きている上品表現……27
コラム　同音異義語の綾錦……29
コラム　同音異義語の過去未来……30

第2章

麗しさと遊び心に酔いしれる

雲上人の「言葉の綾」

美しい麗しい愛らしい　優雅な言の葉の舞……33
色彩の万華鏡　さまざまな色を名に持つ御所ことば……37
宮城《きゅうじょう》で見つけた雪月花　和の世界ならではの名づけ……40

「そう来たか!」と思わずうなる　才気煥発・当意即妙な命名 …… 42
聖さを守る女房の心意気　心尽くしの異名 …… 44
コラム　文字言葉のあいうえお …… 46

第3章

興趣に富んだ御所ことば

女官たちの暮らしを思い描きながら…

私・あなた・家族　自分と周囲の人に関する古称 …… 49
上つ方を称す　内裏に住まう貴人の呼名 …… 53

御御体《おみからだ》の御事　体の部位や生理現象に関する尊称……55
御方々の〝わもじ〟　病気・不調を表す言葉……57
彼此《ひし》の「遊ばす」　尊き方がなさることアレコレ……59
心の内は民草と同じ　御仁体《ごじんたい》の快・不快表現……61
畏《かしこ》き辺りの千態万状《せんたいばんじょう》　形容詞のアレヤコレヤ……64
魚や貝を御所風アレンジ　大海原からの美物《びぶつ》……66
ヒネリの利いた呼称の数々　農作物の御所風変換……68
「ほりほり」、「まるまる」…　食物系の畳語《じょうご》を楽しむ……70
「おばん」と「おまわり」、「おつけ」もどうぞ　宮中の召上物《めしあがりもの》……72
「甘露、甘露」と喉が鳴る　おいしい飲み物アラカルト……75

ご馳走の味の決め手　調味料の御所ことば流……76
鍋・すりこぎ・箸…　台所道具の別名……77
風趣溢《ふうしゅあふ》れる渡世　暮らしにまつわる言葉の味わい……79
物言いの嗜《たしな》み　優雅な世界の話しかけ・御挨拶……81

［第４章］

貴い御方々に奉る言の葉

御門、后、殿上人への敬白

天皇
てんのう。他に「すべらき」、古くは「すめらみこと」など……85

宮城

天皇の住まい。1946年まで、皇居をさした名称……89

宮室

今流にいえば「皇室」。つまり天皇ファミリーのこと……90

公家

朝廷や天皇家に仕えた家のこと……95

華族

明治以降、特権的立場にあった貴族層。明治以前は清華家の別称……98

コラム 敬称と建築の密な関係……100

［第５章］

―天地開闢から天降るまで―

神とスメラミコトの物語

八百万神
多くの神……自然物には全て、神が宿っているという思想……103

国生み
日本の国創りを壮麗に物語る……105

史籍
歴史に関する書物。この他「歴史譚」なども……109

神の宮
神の宮殿や神社。「神の宮居《みやい》」とも……110

付録

新しい時代を迎えるからこそ学びたい

天皇家にまつわる用語集

皇室・皇族……114
ご誕生からご成人まで……116
ご結婚……118
ご大喪……121
立太子・即位・譲位……125
天皇のご行為……131
ご公務……132

皇室で接遇される賓客……137
栄典……138
お出まし……140
典雅な行事……143
祭祀……145
祭祀に関する語……149
皇居……151
皇室ゆかりの地……158
皇室経済……161
宝物……163

献上・ご下賜 …… 164
お仕え …… 165
衣装・意匠 …… 168
皇室・皇族雑学 …… 172
索引 …… 189

編集協力　伊藤叶
デザイン＆ＤＴＰ　黒田志麻
校正　鷗来堂

第1章　その言葉、実は「御所ことば」！

今に息づく表現の数々

宮中の女官が使っていた言葉だからといって、大昔の言葉ではありません。今も生きている〝現役選手〟もたくさんあります。

面白いのは、「御髪（おぐし）」「御目文字（おめもじ）」なんていう、いかにも上品な貴族社会を思わせる言い回しばかりではないこと。

「饑し」「vonara」「御強」……その言葉に関連する語の文字面を見ると、「あのお上品極まりない宮中と、どんな関わりがあるの?」と、首をかしげたくなるものも少なくありません。

言葉に触れると、その背景も知りたくなります。語源の説や歴史的事実など、言葉から広がるありとあらゆる事象を、思う存分味わってください。

あのころも今も美味なる哉

「おいしい」は時を超えて

宮中ことば	現代語	意味
おじや	おじや	いわゆる雑炊。味噌汁などで煮たかゆ。「じや」は煮える音、もしくは「じやじや」と時間をかけて煮るからとの説が。この他、「おみそ（御味噌）」「おみみ」とも。
お結び	おむすび	握り飯のこと。おむすびの語源は、神が宿っているとされた米粒をむすぶことから、米を神の力を授かるために神の形＝山型の形にして食べたことから、など諸説ある。
御冷や	おひや	「お冷やし」の略。冷たい飲み水。かつては女性語だったが、江戸時代には男女に関係なく丁寧語として一般に使われるように。この他「冷御膳」の意味も。

宮中ことば	現代語	意味
御数	おかず	「数々取り合わせる」ことから。「おさい(御菜)」などとも。
おかか	鰹節	御所ことばでもなく、雅さの欠片もないが、「煮出し汁を出す」ことから、「贈賄(ぞうわい)」の隠語でもある。
御作り	おつくり	刺身のことで「御作りもの」の略。この他、御所ことばではないが、「化粧」を意味する場合も。御所ことばで「化粧」は「おしまい(御仕舞)」80ページ参照。
青物	あおもの	青色の野菜のこと。現在も「青物市場」などで使用されている。この他、「おは」=菜。

衣被ぎ	きぬかつぎ・きぬかずき	里芋を皮のままに調理＝芋が絹を被っているから。その他、「きぬかずき」は、「鰯」を意味することも。芋を「まも」とも。
御殻	おから	豆腐を作る時、豆乳をしぼったあとの殻＝おから。この他、御所ことばでもあり、今も使用される言葉に「うのはな（雪花菜）」がある。
おでん	おでん	御所ことばでは、田楽（でんがく）豆腐→おでん（御田）。その他、「みだれがみ」とも。
御萩	おはぎ	「萩の餅」の意味で、牡丹餅（ぼたもち）のこと。「はぎのはな」とも。

宮中ことば	現代語	意味
御強	おこわ	「こわめし」から。赤飯の意味もあり、御所ことばでは「あかこわいい」など。
御粥	おかゆ	この他「おゆに」「おゆのした」など。ちなみに同音異義語「陸湯」＝上がり湯＝銭湯などで、流し場に常備されるきれいな湯のこと。
おかき	おかき	欠き餅＝「御欠き」。「かきがちん」とも。「がちん」はお餅のこと。
黄な粉	きなこ	豆の粉のこと。見た目から発した言葉と考えられている。かつては上流でのみ使われた言葉で、一般には「豆の粉」と呼ばれていたとか。「いろのこ」とも。

従兄弟煮	いとこに	小豆、牛蒡、芋、大根などを合わせて煮た料理。煮えにくいものから「追々煮る」→「甥甥」→「従兄弟」のしゃれ。十二月八日に食べたと言われる。
御味御汁・御御御付け	おみおつけ	味噌汁。「おみ」＝味噌＋「おつけ」＝お汁と言われる。この他、「いろのみず」など。
美味しい	おいしい	接頭語の「お」に、「いしい」＝味がよい意、がくっついた表現。同じ意味である「うまい」よりも、上品な印象。
おなか	おなか	番外編1。「お腹」。「御中」とも書く。

数百年の寿命を誇る普段着の言葉
相も変わらぬ暮らしの日常語

宮中ことば	現代語	意味
おもちゃ	おもちゃ	平安時代は「もて（もち）あそびもの」→略して「あそびもの」→「おもちゃ」の語源。その後室町時代、御所などの女房たちが使った「もちあそび」の言葉が、「おもちゃ」に。
おしゃもじ	杓子	「しゃ」＝杓子。この他「おゆがみ」とも言った。
おみや	御土産	他に「おたむけもの」「おみやごころ」など。同音異義語の御所ことばがあり、そちらの意味は「おみ足」。

21世紀でも上品な語感

今も生きている上品表現

宮中ことば	現代語	意味
御召し物	おめしもの	「召す」＝着る。なお室町時代以降、「召し物」の略語が「めし（飯）」となったとの説も。
御髪	おぐし	おぐし。頭髪の敬称。みぐし。「御櫛」の意ではと言われる。
御頭	おつむ	「おつむり」の略語。「おつぶり」とも。現代は幼児語が主。「おつむてんてん」など。

宮中ことば	現代語	意味
御目文字	おめもじ	御＋「めみえ（目見）」の略＋文字。お目にかかる。
御供	おそなえ	「おそなえもち（御供餅）」の略＝鏡餅。この言葉は、本来は女房ことばだったそう。
ひもじい	ひもじい	上品とは言えない番外編。「饑（ひだる）し」の「ひ」に「文字」をつけたもの。「饑い」＝空腹、飢えてひもじい。
おなら	おなら	番外編2。「お鳴らし」の下を略したものと言われる。『羅葡日対訳辞書』（1595年に刊行されたラテン語・ポルトガル語・日本語の対訳辞書）にも「vonara（ヲナラ）」の記述がある。

同音異義語の綾錦

～雅な言葉と思いきや～

「同音異義語」とは、同じ音であるにもかかわらず、
まったく違う意味の言葉。現在使われている日本語でも、
たくさんみられるものですが、御所ことばもしかり。
「宮中では混乱しなかったのか？」といぶかしみたくなります。

ことば	意味
あがる	献上品がある／魚が死ぬ
ありあけ	あずき／野蒜(のびる)
おなか	食事／綿／お腹
おめぐり	おかず／すりこぎ／月経
ざっし	鼻紙／雑仕(宮中や公家に使える女性奉公人)
しんもじ	心配(心文字)／親切(親文字)
げんじ	夕顔／ナス
めす	着る／乗る／食べる

同音異義語の過去未来

～同じ音でもこうも違う～

今、私たちが使用している言葉と、全く同じ音にもかかわらず、
御所ことばの意味するところはまったく異なる……。
少々ややこしいですが、
多分に面白い言葉を比較してみました。

御所詞 × 現代語	解説
あらあらしい × 荒々しい	粗末だ × 非常に乱暴
おいた × おいた	板付きのかまぼこ × いたずらあずき／野蒜(のびる)
おかかえ × 御抱え	細帯(抱え帯) × 人を雇って専属にする
したためる × 認める	煮る × 文章を書く
しろもの × 白物	「白酒」「塩」「豆腐」をいう女房ことば × 洗濯機などの「白物」家電
すかすか × すかすか	急ぎの・するめ × すき間がたくさんある
てもと × 手元	箸 × 手の近く ※「おてもと」は、普通語として使用する言葉
なおす × 直す	食物を切る(または魚をむしる) × 修正する

第2章　麗しさと遊び心に酔いしれる

雲上人の「言葉の綾」

さあ、想像力をフルに発揮してください。「待兼（まちかね）」という食物関連の言葉は、いったいなにをさしているでしょう？

また「千葉」が御所ことばとして使用される時、何を意味するでしょうか？　もちろん、「千葉県」ではありません。

これらの不思議な言葉は、洒脱《しゃだつ》の極みから生まれたものもありますが、気配りから発した言葉も。

御上のおわす神聖な場所である宮中に、世俗の穢《けが》れを持ち込まぬよう不吉を避けるよう、いつも佳《よ》き日であるよう……。そんな「祈り」にも似た気持ちを持っているのに、ゴマメを「若い武士たち」なんてあだ名をつけるお茶目さに、きっと惹かれることでしょう。

美しい麗しい愛らしい

優雅な言の葉の舞

宮中ことば	現代語	意味
朝顔	焼麩	あさがお。ひ（日もしくは火）に当たるとしぼむところから、とも。
笹	酒	中国で酒を竹葉といったことからとも、「さけ」の「さ」を重ねたものとも。「笹の実」＝酒粕。
年越草	麦	としこえぐさ。秋に種をまき、翌年の初夏に収穫となることからか？

宮中ことば	現代語	意味
小殿原	ごまめ	ことのばら。小型のカタクチイワシの干し物＝田作（たづくり）。「小殿原」＝若い殿、若い武士たち＝小さな殿方たちというしゃれ。
いしいし	団子	《形容詞「い（美）し」を重ねた語。もと女房ことばで、おいしい物の意から》だんご。「お月見の真似（まね）事に―をこしらえて」〈一葉・十三夜〉この他、「色々」「次々」の意味も。
こりこり	タクアン	食べる時の音から。他に音から派生した言葉に「はりはり」＝切干しダイコン。ちなみに、お新香＝「ねじねじ」とも。
さいぎょう	タニシ	さいぎょう→西行法師→ウロウロ動き回ることから？

妹背鳥	ホトトギス	いもせどり。妹背＝相愛の男女、夫婦。ホトトギスが求愛して鳴くことから。
おはながら	香典	はながら＝花柄＝仏前に供えた花、もしくは供えるために用意した花で、不用となり捨てるもの。また「はながら」＝ツユクサの異名でもある。
おもいの珠	数珠	「念珠（ねんず）」を訓読みした表現。
末	扇	「末広（すえひろ）」とも。「末広」＝紙を張った扇のこと。

宮中ことば	現代語	意味
水茎	筆	みずくき。この他、『源氏物語』（11世紀）では「手跡」「筆跡」、『源平盛衰記』（14世紀）では「手紙」の意味をもつ言葉として登場している。
玉の池	硯（すずり）	たまのいけ。この他、「おすずり」「水蔵（みずくら）」など。
おうつうつ	浅い居眠り	深い眠りの場合は「おすやすや」。床を取ること＝「ごふくさし」。
茜さす	日の出	あかねさす。茜＝アカネの根で染めた色のこと＝暗赤色や沈んだ黄赤色。ちなみに枕詞の「茜さす」は、「君」「日」「昼」「紫」などにかかる。

色彩の万華鏡

さまざまな色を名に持つ御所ことば

宮中ことば	現代語	意味
赤	小豆	あか。小豆(あずき)をいう女房ことば。「あかあか」とも。この他、「あかおまな」＝シャケ。
紫	イワシ	むらさき。群れとなって泳ぐイワシによって、波が紫色になることからとも、鮎（藍）に勝るからとも。
紫	醤油	むらさき。諸説あるが、かつて宮中では、赤褐色を紫と呼んでいたことから。

宮中ことば	現代語	意味
山吹	フナ	やまぶき。「フナの卵が山吹色だから」との説や、「山吹は実がない＝フナの身が少ない」の説など。この他「白酒」をさす場合も。
はなだ	ナマコ	はなだ。「縹色《はなだいろ》」＝うすいあい色、または青色。同音の「花田」＝春の季語で、苗を植える前の田んぼ。
葡萄葛	ブドウ	えびかずら。「えび（葡萄）色」＝葡萄葛の熟した実の色＝ぶどう色。
薄墨	蕎麦がき・蕎麦粥	うすずみ。蕎麦＝「そもじ」「むし」「あおい（44ページ参照）」など。

色のとと	しめ鯖	いろのとと。「とと」＝魚。「いろ」の付く御所ことばは他に「いろねこ（51ページ）」＝妹、「いろのまる（68ページ）」＝小豆、「いろのみず（25ページ）」＝味噌汁など。
御色	紅	おいろ。この他「みやこ色」。また「すえつむくさ（末摘草）」ともいうが、「末摘花」＝ベニバナの異名。
白御鳥	雉（きじ）	しろおとり。日本の国鳥とされる雉は、御所ことば以外にも「妻恋鳥（つまこいどり）」「菅根鳥（すがねどり）」「御幸鳥（みゆきどり）」など異名が多い。「黒御鳥（くろおとり）」は雁（がん）。
白糸	素麺	しらいと。この他「白糸餅」「タクアン」のこと。「しろ」は他に、「しらなみ」＝エソ、「しろね」＝ネギなど。

宮城で見つけた雪月花
和の世界ならではの名づけ

宮中ことば	現代語	意味
雪	タラ	ゆき。漢字「鱈」の旁《つくり》から取ったとも、白い身からとも。この他、カブやダイコンをさす。
月夜	飯鮨	つきよ。巻き寿司は、切り口が白くて丸い＝月からだとか。
波の花	塩	なみのはな。「波の花」＝波が打ち寄せ、白くあわだつ＝白い花に見立てて。

水の花	**スズキ**	みずのはな。スズキ→尾花（すすき）に掛けたものとの説が。この他「みずの色」＝マス（鱒）。
卯の花	**豆腐カス・アユ**	うのはな。豆腐カス＝おから。白花の「卯の花」に似ていることから。アユ＝鵜飼の鵜がとる魚ということから？
花文字	**美しくて上品**	きゃもじ。「花車（きゃしゃ）」から派生した言葉。繊細で、美しく上品なさま。「花車」を冠した言葉に、「花車商（あきない）」＝日用品ではなく贅沢な趣味の品などを扱う商売、など。
女郎花	**粟・粟餅**	おみなえし。餅を花に見立てた御所ことばは他に、「おはぎ（御萩・23ページ）」「御菱（菱餅）」。

「そう来たか！」と思わずうなる

才気煥発・当意即妙な命名

宮中ことば	現代語	意味
呉織	絹・薄絹	くれはとり。「呉織《くれはとり》」＝中国の呉（ご）の職女の織る綾→「あや」の枕詞に。「綾」＝模様のある絹織物のこと。
関守	ザル	せきもり。関守＝必要なものは通さないことから。この他、「おとおし（御通）」とも。
待兼	小糠	まちかね。「待兼」＝待ちかねる＝「来ぬか、来ぬか……」＝「小糠」という洒落。

夜舟	牡丹餅	よふね。ぼた餅は、中身は餅で白く（明るい）、外は餡をまとって黒い（暗い）ことから、との説。または、いつのまにか着く（搗く）ところからとの説も。
おしす	酢	現代の「さしすせそ」ならぬ、味噌、塩、酢、酒の四種の調味料をさす言葉が転じて、酢をさすように。
御合	蛤（ハマグリ）	おあわせ。「蛤」の旁《つくり》から、との説が。
千葉	干し菜	ちば……と言っても、千葉県のことではない。「千葉」の意味＝たくさんの葉。

聖さを守る女房の心意気

心尽くしの異名

宮中ことば	現代語	意味
葵	蕎麦	あおい。蕎麦の実はどこから見ても三つの角が見える＝ミカド（帝）に通じるため、宮中では忌み言葉に、そこで蕎麦の葉が葵と似ていることから言い換えた。
来る来る	タラの腸	くるくる。もともと「こずこず」と呼んだが、「来ず来ず」では正月に使う際に縁起が悪いので「来る来る」に。
かのひと	（正月三が日のみ）ネズミ	ネズミは大暴れすることから、正月三が日は「ネズミ」の表現を避けたという。

おなつかし	櫛	櫛は「苦死」につながるため忌み（＝不吉な）言葉となり、「おなつかし」に。同様に悪日（運勢の悪い日）」＝「御徳日（おとくび）」など。
御宝	お金	世俗的な、あからさまな表現をさけるため。同じ意味合いから、買う＝「こしらえる」と言う。
そろえる	切る	「切る」も忌み言葉のため言い換えた。食べ物を切る＝「なおす」、細かくきざむ＝「はやす」、漬物を切る＝「わたす」。「剃る」も同様で、「たれる」と表現。
むつかしい	高い	ちなみに、低価な・安い＝「ひくい」、少ない＝「たえだえしい」、小さい＝「ゆめゆめしい」。

文字言葉の あいうえお

「あ」から「わ」まで、「〇もじ」言葉を集めました。
残念ながら、50 文字コンプリートはできませんでしたが、
ご覧のとおり勢ぞろい！ おまけの一文字にもご注目ください。

あもじ　姉
いもじ　イカ／腰巻
うもじ　宇治茶／お内儀様
えもじ　エビ／エソ
おもじ　帯
かもじ　髪／母
くもじ　茎／ニンニク／盃事／
　　　　親王・宮様・関白などの御帰還
けもじ　奇妙な
こもじ　鯉／小麦
さもじ　肴／砂糖／サバ／
　　　　「寂しい」「さわやか」など
　　　　「さ」のつく言葉／シメサバ
すもじ　寿司／推量
せもじ　芹／世話
そもじ　あなた／粗末
たもじ　タコ／煙草
つもじ　つぐみ

ともじ　父／盗難
にもじ　ニンニク
ぬもじ　盗人
ねもじ　練り絹
のもじ　海苔／糊
はもじ　恥ずかしいこと／歯につける鉄漿
　　　　（かね）／歯ブラシ
ぱもじ　父
　　　　※「父」の意味をもつPadreから
ひもじ　お姫様
ふもじ　お袋／消息文＝ふうもの／フナ
ほもじ　干し飯
みもじ　味噌
むもじ　麦
めもじ　面会
やもじ　やり手
ゆもじ　腰巻／湯具
わもじ　病気／私

第3章　興趣に富んだ御所ことば

女官たちの暮らしを思い描きながら…

「御所ことば」や「女房ことば」と言われる独特の言語は、中世以降、京都の御所や仙洞《せんとう》御所（87ページ）において、女官が使っていた言葉です。『大上﨟御名之事（おおじょうろうおんなのこと）』※1には、食物や衣類など、120語あまりが記されています。

その表現は上品で優雅。それだけでなく、あたりさわりを避けた婉曲《えんきょく》な言い回しとして、将軍家の女性も用いるようになりました。江戸時代になると、リッチな町家の婦人たちまで広まり、さらには男性も使うようになったそうです。

※1…室町時代初期の有職故実書※2。大上﨟＝宮中女官の最上位。
※2…宮中や公家における礼式や官職、年中行事などの先例。また、それらを研究する学問のこと。

私・あなた・家族

自分と周囲の人に関する古称

宮中ことば	現代語	意味
ここもじ	私	この他「わらわ」など。私方＝「ここもと」。
そもじ	あなた	この他「そもじさま（目上に）」「そなた（目下に）」。二人称の人代名詞。中世には女性が目上の男性に対する表現だった。近世以降になると、対等または目下の男性に対して、あるいは男性から女性に用いるように。
こなた	当方	二人称（あなた）として扱われる場合もあるが、御所ことばでは一人称の人代名詞でも。こちらがた＝「こなたさん」、こちら＝「こち」。

宮中ことば	現代語	意味
おそもうじさま	あなた様	「おそもじさま」とも。「そなたさん（尊称）」よりも、身分の低い人に対して用いた。
おたたさん	お母様	御多々様。宮中や宮家、摂家（95ページ参照）、清華家（96ページ参照）、大臣家（96ページ参照）などで幼子が言う言葉。
おもうさん	お父様	「御申様」「御孟様」。宮中、宮家、摂家、清華家、大臣家などで用いられた小児語。その他「ともじ」＝「とと」＝「父」のもじ言葉。
おにいさん	お兄様	宮中、宮家、堂上家（97ページ）で用いられた小児語。敬称のニュアンスあり。

あもじ	お姉様	この他「いね」「おねいさん（宮中や堂上家で使用）」。妹は「いろねこ」。
おちごさん	お子様	諸家・堂上家の子息のこと。「稚児」＝もともと乳児をさした言葉。
ごもじ	女の子	ご＝「御寮人（ごりょうにん）」＝貴人の子息・息女をさす尊敬語。室町時代以降は、特に「息女」を意味するようになった。
わこ	男の子	この他「わかご」。「わかさん」＝若様（諸家・堂上家の子息）。

宮中ことば	現代語	意味
おさない	子ども	子どもが多い時は「とりとり」など。「おとしめし」は老人。
とおさん	子息・子女	諸家や堂上家の子どもを、親が呼ぶ時に用いた。また「〜丸」は、元服までの呼名。
とのさん	殿様	諸家・堂上家の主人のこと。「おおとのさん」＝大殿様。諸家・堂上家の御隠居様。
おうらさん	奥様	「お裏様」。武家から嫁した妻（清華家以上で使用）、「おかみさん」＝「御督様」（一般公家で）。他に「うもじ」＝お内儀様＝妻の敬称、「御台の方」＝貴人の妻の敬称。

上つ方を称す
内裏に住まう貴人の呼名

宮中ことば	現代語	意味
うえさま	天皇	上様。「お上（おかみ）」「主上（しゅしょう）」「禁中（きんちゅう）さん」「当今（とうぎん）」など。
きみさん	皇太子妃	君様。皇太子妃の他、皇族の后、宮様からご降嫁なさった室。
みやすどころさん	皇太子妃	「御息所様」。御息所＝もともと天皇の休息所や寝室を意味した言葉。

宮中ことば	現代語	意味
ごしょさま	天皇・上皇・法皇・宮門跡	「御所様」。「ごっさん」とも。摂家や清華家の主人をさす場合も。太上天皇（87ページ参照）＝「院御所様（いんごしょさま）」。
おおみやさん	皇太后	「大宮様」。「大宮」は93ページ参照。また、皇太后の御座所を「大宮御所」ともいう。
おかみがた	宮さま方	宮さま＝皇族の尊称。もとは、宮＝「御（み）」＋「屋（や）」＝神社・神宮・宮城のこと。
はるのみやさん	皇太子	「東宮さん」＝春宮（とうぐう・91ページ参照）様＝皇太子。

御御体《おみからだ》の御事

体の呼称や生理現象に関する尊称

宮中ことば	現代語	意味
おみかお	（貴人の）お顔	御御顔。「おみ」＝宮さま以上につける敬語表現。例：「おみからだ（御御体）」＝お体。
おえり	肩	この他、「おまる」＝腰、「おつぎ」＝腰から下、「おすそ」＝足、「おいど」＝尻など。
あせ	血	「血」を避ける忌み言葉。主上の場合「おみあせ（御御汗）」。忌み言葉は他に、剃る＝「たれる」、動物が死ぬ＝「おちる」など。

宮中ことば	現代語	意味
しおしお（え）	涙	泣く様の表現として、「しおしお」というが、そこから発して「涙」を意味するようになった。
おまけ	月経	この他「おめぐり」「お厄」「かりや」「さしあい」「つきのもの」など。「お手無し」は、月経中の女性をさし、調度などに触れることができないことから。
初花	初潮	はじめての月経のこと。ちなみに、月経が終わった時は「きよくなる」と表現した。
おとうにゆく	大小便をしに行く	「御東」＝御＋禅寺の東司（とうす＝便所）の略。この他、小便をする＝「ししをする」「よそよそ（余所余所）へまいる」「よう（用）かなえる」「わたくし（私）にまいる」。

御方々の〝わもじ〟病気・不調を表す言葉

宮中ことば	現代語	意味
おぬる	熱	御温。公家社会では、天皇の発熱をさしたとか。熱が下がる＝「おぬるうすし」、熱気は「おぬるけ」など。この他、「湯」を意味する。
がいきけ	風邪気味	「咳気け」。「がいびょう」＝咳病。
おせん	疝気（せんき）	疝気＝下腹部の痛み全般。胃炎、胆嚢炎や胆石、腸炎、腰痛などが原因の場合が多い。

宮中ことば	現代語	意味
おみずけ	下痢	「御水気」。この他、発疹＝「おでもの（出物）」、嘔吐＝「おはっしもの」。
おむさむさ	軽症	天皇に対しては「おむさむささん」。「おむさむささま」と「さま」付でも表現するが、野暮な表現とされたとか。「さん」は、最高敬語とされた。
おふかしき	病気が悪い	この他「おこがまき」とも。また、気分が悪いこと＝「おふさげ（御塞気）」「おふでき」。その他「朦々（もうもう）」＝朦々と立ち込める霧のように気がふさがる。病が治る＝「おひろけ」「およしよし」。
およわさん	体が弱い	貴人に対して。「お…さん」は、御所ことばに多い表現。「おいとぼいさん」＝可愛いこと、「おすきさん」＝好きなもの、「およしよしさん」＝よいこと。

彼此の「遊ばす」
尊き方がなさることアレコレ

宮中ことば	現代語	意味
ごあしゃる	お出になる	その他、女官は「おわしゃる」と言った。
おひるなる	お起きになる	「御昼なる」。貴人がお起きになる、お目覚めになる。「おひる」＝起床、「おひるぶれ」＝主上のご起床の触れ。他に、朝寝＝「あさい」。
おしずまる	お眠りになる	「お静まる」→「お静まり」＝眠ることの敬称。この他、「おとこへなる」「ぎょしなる」＝床につかれる、「およる」＝寝る。主上のご就寝は「おみこし」「ごせいひつ」。

宮中ことば	現代語	意味
おてがつく	召しあがる	「おてつく」ともいう。「おて」=「お手」のつく言葉は他にも「おてあそばす」=お手を叩かれるなど。
すべす	物を下げる	その他「おすべり」=御滑り。神仏へのお供え物や、貴人の食べ物や所有物をいただくこと。
ごせいひつ	天皇が留守	「御静謐」。静謐=しずかで穏やかなこと、または世の中が穏やかに治まっている状態。
おかくれ	お亡くなりになる	「死ぬ」の尊敬語。御所では皇族と臣下の両方に使用。

心の内は民草と同じ

御仁体の快・不快表現

宮中ことば	現代語	意味
いとぼい	可愛い	その他、「おいとぼい」「おかしし」など。「おいとぼいさん」＝可愛いこと。
ごきげんさん	ご機嫌が良い	「御機嫌さん」。主上に向けて使う。「ごきじょうさん（ご気丈さん）」は、高級女官や尼門跡に対して。
うつうつしい	うっとうしい	「…しい」には他に、「あらあらしい（30ページ）」、「たえだえしい（45・64ページ）」、「ゆめゆめしい」＝小さいこと。

宮中ことば	現代語	意味
おいきまき	ご立腹	「お息巻」。他に「おにつかる」「おみなかだつ」＝立腹する。
おうっとり	心がふさぐ	現在は「心を奪われて、ぼうっとしている」ことをさす。
おさびさび	淋しい	お淋々。「お＋畳語」は他に、「おすやすや」「おうつうつ」（36ページ）、「おにぎにぎ」（65ページ）、「おひしひし」（65ページ）など。
おたける	嫉妬する	「妬ましい」は「猜文字（ねたもじ）」。やきもち＝「りんもじ（悋文字）」。

おいとしい	お気の毒な	他に「おいたいたしい」。また、「おきもじ」＝お気文字＝お気の毒。
おはもじ	恥ずかしい	お恥文字。「お…もじ」は他に、「おそくもじ」＝お息文字＝ご息災・お元気、「おそそもじ」＝遅いこと。
しんもじ	心配	心文字。「親文字」だと、「親切」の意に。
むつかる	泣く	「しおるる」との表現も。「しおしおえ」＝涙。

畏き辺りの千態万状

形容詞のアレヤコレヤ

宮中ことば	現代語	意味
おいぼいぼしい	粗末な・軽少な	「粗末」な様子は他に、「あらあらしい」。
むつかしい	高価	御所ことばにみられる、婉曲表現。値段が安い場合は「ひくい（低い）」。
たえだえしい	乏しい・少ない	「ほとんど価値がない」ことは「ゆめがましい」。

おするする	ご無事に	「するする」＝しずしずと、滞りなく進行する様子。
おはやばや	早くに	他に「すかすか」。「すぐに」は「すなわち」。「急いで」は「ふたふた」（落ち着かない様の意も）。
おもやもや	とり込んでいる	もっととり込んでいる時は「おおおもやもや」「おおおもやもやもや」。
おひしひし	盛大	その他「おひろびろ」。にぎやかな様子は「おにぎにぎ」、よいことは「およしよし」。

魚や貝を御所風アレンジ

大海原からの美物

宮中ことば	現代語	意味
おこぶし	サザエ	お「拳」……その形から？
おぬめり	ナマコ	「お粘り」……柔らかく、ヌルヌル・ヌメヌメしているから？　ちなみにコノワタは「はなだ（38ページ）」とも。
ややとと	雑魚（じゃこ）	「やや」＝小さい、「とと」＝魚。「おお」＝大きい＋「とと」は、大魚＝クジラ。

片目	ヒラメ	見たまま、片面に目があることから。鮃（ひらめ）、また鰈（かれい）をさす。
まな	魚	「おまな」「とと」などとも。「あかおまな」＝シャケもしくはマス、「ながいおまな」＝ハモ、「ゆきのおまな」＝タラ、「おおまな」＝クジラ。
おひら	タイ	「御平」。タイ、イワシ、もしくは平椀。「こひら」＝コダイ。
かがみもの	エビ	腰の曲がった姿からか。この他「えもじ」「かいろう」＝「海老」の音読み。

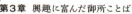

ヒネリの利いた呼称の数々

農作物の御所風変換

宮中ことば	現代語	意味
ひともじ	ネギ	「一文字」。「ねぎ」を「き」と一音で称したことから。この他「うつぼ」「おるは」「おならし」「しろね」「むもじ」など多くの呼び名が。
にもじ	ニラ	「二文字」。ニラの女房ことば。ネギを「一文字」というのに対して。他に「おさわがし」「おくさもの」など。春の季語。
あかあか	アカアズキ	「赤赤」。この他「あか」「あまもの」「ありあけ」「いろのまる」など。お赤飯は「あかのくご」（くご＝供御＝ごはん）。

かぶつ	コウジ	果物。「くだもの」ではない。柑子（こうじ・ミカンの一種）をさす。
うまふさ	ゴボウ	ごぼう。「午房」の訓読みか。この他「ごん」とも。他の訓読み表現に、籾＝「やいば（刀）」。旁（つくり）の訓読みから。
うちまき	コメ	「うちまき」とは、施し米としてまく米のこと。他に「おめし」「およね」とも。「およね」のほうが、「うちまき」より上品だとか。飯＝「おばん」。
なりもの	ウリ	他に「おうり」「しろもの」「なつのもの」など。

「ほりほり」、「まるまる」…

食物系の畳語を楽しむ

宮中ことば	現代語	意味
かずかず	カズノコ	数数。他に「かどのこ」＝ニシン（＝かどの子。また「こずこず」は、タラコやカズノコをさす。
まるまる	団子	「丸丸」、他に「いしいし（34ページ）」。浮き団子は「うきうき」※「焼肴」の意も。饅頭は「まん」、「まんまん」。ぼた餅は「やわやわ」※「芳野紙」の意も。柏餅は「えもん」。
するする	スルメ	他に「すかすか」「よこがみ」とも。ちなみにイカ＝「いもじ」。また魚介系では、カツオが「かつかつ」「からから」などの名称がある。

ほりほり	干しウリ	「はりはり」とも言う。また「はりはり」は、切干しダイコンにも用いる。
いりいり	煎り豆	「あられ」や「豆」そのものをさすことも。この他「ほしほし」とも。
みそみそ	味噌の和え物	他に「よごし」とも。ちなみに、なます（酢の物）は、「おなま」「おはま」「つめたもの」など。
あさあさ	浅漬け	「浅浅」。また、タクアンのことは「こうこう」。

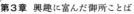

宮中の召上物

「おばん」と「おまわり」、「おつけ」もどうぞ

宮中ことば	現代語	意味
おばん	ごはん	主上の場合「ごぜん」、神仏に差し上げる飯もさす。他に「くご」「おだい」「おめしのはな」、「まま」＝「うまうま」の「う」を省いた表現。
おまわり	副菜	他に「まわり」「おんまわり（御廻）」「めぐり」とも。ちなみに昼食は「おくご（御供御）」、「昼飯」は「ひるくご」「おこし」、夜食は「およなが」「およなる」「ゆうなる」。
おつけ	お汁	ご飯に添えて出すところから、と言われる。この他、「おしる」「おかけ」など。

おねばりのおうわゆ	重湯	他に「おうわゆ」。「おしたまじりのおうわゆ」＝米粒まじりの重湯。
あつもの	うどん	この他「おながもの」「おわりもの」「しらきん」など。
ほそもの	素麺	「細物」。「ぞろ」「ぞろぞろ」「いともの」「しらいと」「ぎんし」など、多彩な表現が。
かちん	餅	餅のこと。語源は諸説あるが、「春杵でかついて作ったことから」「硬くなった餅から」「よい歌を詠んだ時いただくお祝いとして」など。

宮中ことば	現代語	意味
おかべ	豆腐	御壁。白壁に似ているからと言われる。この他「かべ」「かべしろもの」など。
いとひき	納豆	「糸引き」。粘りがあり、糸を引くことから。下を略して「いと」とも。
おしわもの	梅干し	「お皺物」。梅干しは皺が寄っていることから。
おこうこう	タクアン	「御香香」「香香」＝「香のもの」＝漬物。他に「しらいと」「おしおづけ」「おつまみ」。特にササゲのついた御新香を「ふじのはな」という。

「甘露、甘露」と喉が鳴る

おいしい飲み物アラカルト

宮中ことば	現代語	意味
いのなか	冷や水	「井の中」。他に「おひや（21ページ）」「おつべた」「おつめた」「おひやし」など。
せんもじ	煎じ茶	他に「このめ（木の芽）」、宇治茶は「うもじ」。なお「せんもじ」は他に「先方」「先日」の語意もある。
くこん	お酒	「九献」＝三々九度。祝儀などでの正式な酒の作法。「献」＝献杯。盃ごと。甘酒は「甘九献」「あまくもじ」。

ご馳走の味の決め手

調味料の御所ことば流

宮中ことば	現代語	意味
おむし	味噌	「御蒸し」。豆を蒸しあげて作ることから。この他「みもじ」「むし」「こう」「ひぐらし」。味噌汁＝「いろのみず」「おみおつ（御御御付）け」「おむしのおつゆ」など。
おいたみ	塩	他に「しろもの」「おみかき」「なみのはな（40ページ）」など。砂糖は「さもじ」。
おしたじ	お醤油	御下地。この他、その色から「むらさき」、略して「おむら」などとも。

鍋・すりこぎ・箸…

台所道具の別名

宮中ことば	現代語	意味
くろもの	鍋	黒物。鍋の底がすすけて黒いところから。他にも、ナマコをゆでて乾かしたものも、その色から「黒物」と言った。
よほう	升	四方。ちなみに「さんぽう（三方）」は、儀式の時に物をのせるのに用いる台の一種。「ごほう（五方）」は、中央・東・西・南・北の5つの方角。
みずとり	手ぬぐい	水取。「水をふき取る」＝手ぬぐい。

宮中ことば	現代語	意味
つくつく	臼	搗搗。この他、「つくし」の意味も。杵は「なかぼそ」。
おくろ	釜	御黒。「おくろもの」とも。「竈（かまど）」の意味もある。
こがらし	すりこぎ	木枯らし。木枯らしが木の葉を散らし、幹が露わになる。その姿がすりこぎのようだから、とも。他に「おめぐり」「おめくらし」など。
てもと	箸	手元・手許。「おてもと（御手元）」は普通語で、「料理屋などで客の手元に置くこと」から。ちなみに楊枝は「せせり」→「せせる（挵る）」＝ほじる。

風趣溢れる渡世
暮らしにまつわる言葉の味わい

宮中ことば	現代語	意味
ちょうもく	お金	鳥目。かつての銭には中心に穴があり、鳥の目に似ていたことから。現在は「お鳥目」とも。他に「おたから（御宝）」「おあし（御足）」＝行ったり来たりすることから。
ひどる	焼く	他に「ふうする」とも。餅を焼く時は「ひかく」。煮る時は「したためる」。
おすすぎ	器などを洗う	布や衣類の洗濯は、表現が異なる。「すましもの」＝洗濯物、「おすまし」＝衣類などを洗濯すること。

宮中ことば	現代語	意味
おしまい	お化粧	御仕舞。美容に関する言葉は他に、「おぐしすまし」＝御髪澄＝洗髪、「おとおし」＝髪をとく、「おいろふで」＝紅筆、「おまゆとり」＝お眉毛取り＝毛抜きなど。
かわほり	扇子	蝙蝠＝こうもりのこと。開いた姿がこうもりが羽を広げた形に似ることから「蝙蝠扇」＝扇子を意味した。この他「おなれぐさ」など。
さすが	小刀	刺刀。腰刀や懐刀のこと。突き刺すのに使うことから。
おなで	箒（ほうき）	お撫で。他に、「髪をなでつける」の意味も。「おなでもの」は、祓いの道具のこと。

物言いの嗜み
優雅な世界の話しかけ・御挨拶

宮中ことば	現代語	意味
おたのもうします	御免《ごめん》ください	挨拶の言葉。「御頼み申します」の意味。その他、貴人の側を通る時など「おゆるし（御許し）あそばせ」など。
ごかんたいながら	憚《はばか》りながら	御緩怠ながら。恐れながら＝「くもじながら」。
あそばす	なさる	遊ばす。「する」の尊敬語。最上級の尊敬語が「あそばされる」。

宮中ことば	現代語	意味
あらしゃいます	～でございます	「桜が美しゅうあらしゃいます」など。
ごきげんよう	御機嫌よう	主上に対して、また女官同士が挨拶する時に用いられた。
ならしゃる	お成りになる	「成らしゃる」。宮さま以上に対して用いる最高の敬語。
のみ言葉	呑み言葉	新年のご祝儀申し入れの際などに、声を「呑み」こんで、口の中で言う言葉。相手には聞き取りにくい言い方で、謹み畏まった時に使う。

第4章　御門、后、殿上人への敬白

貴い御方々に奉る言の葉

明治の偉人・福沢諭吉は、「天は人の上に人を造らず、人の下に人を造らず」と説きました。21世紀を迎えた今、それは常識になっていますが、古い時代、尊称の対象になった庶民とは別世界の人々がいました。

「現人神《あらひとがみ》」とされた天皇とそのファミリー、さらに天皇家に仕える公家や、明治以降の華族です。

ここでは身分制度云々は一旦置いておいて、現在にも続く歴史の証言ともいえる言葉をご紹介しましょう。同時に、時に故事を引用し、時に究極の雅語を目指したであろう表現も。

「十もの善を体現したからこそ許される位」「中国史に名を遺す名皇后にちなんで」「別名・英雄家」……。存分にお楽しみください。

天皇

てんのう。他に「すべらき」、古くは「すめらみこと」など

宮中ことば	読み方	意味
帝・御門	みかど	「門（かど）」の尊敬語で、天子・天皇の位もしくは天皇の尊称。その他「大君（おおきみ）」「御上（おかみ）」「上御一人（かみごいちにん）」「聖上（せいじょう）」「至尊（しそん）」など。
現人神	あらひとがみ	この世に姿を現した神。多くの場合、天皇の敬称。この他「現（あき）つ神」。
禁裏・禁裡	きんり	「みだりにその裡(うち)に出入りすることを禁ず」＝皇居や天皇を意味する。

宮中ことば	読み方	意味
皇孫・皇御孫	すめみま	天照大神（あまてらすおおみかみ・106ページ）の子孫である天皇のこと。また、天照大神の孫、瓊瓊杵尊（ににぎのみこと・108ページ）をさす。
畏き辺り	かしこきあたり	おそれ多い所。天皇・皇室・宮中などを婉曲に言う。
国の親	くにのおや	天皇。また、太上（だいじょう）天皇。もしくは皇后。また、天皇の生母。国母（こくも）をさす場合も。
十善の位	じゅうぜんのくらい	天子・天皇の位。「十善」＝十悪を行わない。十悪＝殺生（せっしょう＝生き物を殺す）・偸盗（ちゅうとう＝盗み）・邪婬（じゃいん＝淫らなこと）・妄語（もうご＝嘘をつく）・綺語（きご＝きれいごと）・両舌（りょうぜつ＝二枚舌）・悪口・貪欲・瞋恚（しんい＝怒り）、邪見（じゃけん＝間違った見方）。

大御位	上皇	仙洞	茅闕
おおみくらい	じょうこう	せんとう	ほうけつ
天皇の位。「天位（てんい）」「宝祚（ほうそ）」とも。	譲位した後の天皇の尊称。この他「太上天皇」「太上皇（だじょうこう）」とも。	上皇、もしくは上皇の住まい。仙洞＝仙人の住む清らかな世界。	太上天皇の異名。「茅」＝屋根をふく材料となる草、「闕」＝宮城の門。

宮中ことば	読み方	意味
大御心	おおみこころ	天皇のお考え。明治神宮独自のおみくじの名でもある。祭神の明治天皇御製（ぎょせい＝天皇が詠まれた詩歌）と昭憲（しょうけん）皇后の御歌（みうた＝皇后や皇太后、皇太子などの詠まれた和歌）と解説文を掲げる。
大御言	おおみこと	天皇のお言葉。同じ意味の言葉に「勅旨（ちょくし）」「みことのり」。
大御宝	おおみたから	天皇のお宝＝国民。広瀬大忌祭（ひろせおおいみのまつり・律令時代に定期的に行われた祭の一つ）の祝詞（のりと）に「天の下の大御宝の取り作れる奥つ御歳を」とある。
登仮・登遐・登霞	とうか	天子の死。天皇・上皇などが死ぬこと。「遠い天に登る」を意味する。「崩御（ほうぎょ）」とも。

宮城

天皇の住まい。1946年まで、皇居をさした名称

宮中ことば	読み方	意味
禁闕	きんけつ	皇居の門。または皇居のこと。「闕」＝宮殿の門。「宮闕（きゅうけつ）」「金闕（きんけつ）」。その他、手が届かない場所という意味から「雲（くも）の上（うえ）」。
内裏	だいり	天皇の居所を中心とする御殿のこと。もしくは天皇をさす。「内裏さまの国」＝京都、「今（いま）内裏」＝里（さと）内裏。皇居が破損や焼失した際、臨時の天皇の御座所（ござしょ）とした仮皇居。
皇居	おおもと	音読みで「こうきょ」。古い時代は「宮（みや）」とも言われた。「宮」＝「御屋（みや）」を意味する。

宮室

今流にいえば「皇室」。つまり天皇ファミリーのこと

宮中ことば	読み方	意味
后・妃	きさき	天皇・皇帝の正妻。皇后や中宮（ちゅうぐう）のこと。皇太后（こうたいごう）や後宮（こうきゅう）の女御（にょうご）などをさす場合も。中宮＝「紫の宮」とも。
大后	おおきさき	皇后、もしくは皇太后＝前天皇の皇后、または前天皇の皇后で現天皇の生母。
皇后宮	こうごうぐう	皇后の住まい。別名「秋の宮」＝「長秋宮（ちょうしゅうきゅう）」＝中国史に名を残す賢夫人・後漢の明徳馬（めいとくば）皇后が住んだ宮殿名。

一の御子	いちのみこ	第一皇子。別名「一の宮(みや)」。「御子(みこ)」＝天皇の子孫。男女は問わない。
彦御子	ひこみこ	天皇の息子。娘は「ひめみこ」など（92ページ）。
東宮・春宮	とうぐう	皇太子。東＝四季の春であり、万物生成を意味する。その他、易では震＝長男を表す。皇太子の宮殿が皇居の東にあった。
日嗣の御子	ひつぎのみこ	皇太子。次代の天皇となる御子。この他「儲君（もうけのきみ）」「皇子尊（みこのみこと）」とも。

宮中ことば	読み方	意味
女御子	おんなみこ	皇女・内親王＝天皇の娘。この他「ひめみこ」「姫宮（ひめみや）」「大君女（おおきみおんな）」など。
皇女	すめみむすめ	天皇の娘を敬って言う表現。「皇子」は「すめみこ」。
今宮	いまみや	新しく生まれた皇子のこと。幼い皇子・皇女は「幼宮（いとみや）」。
御直宮	おんじきみや	天皇と直接血のつながりのある皇太子・皇子・内親王・天皇の弟などの総称。

皇孫	こうそん	天皇の孫。また、天皇の子孫。曽孫は「皇曽孫（こうそうそん）」。
天枝	てんし	天子・天皇の子孫。「帝葉（ていよう）」「皇胤（こういん）」とも。
皇太后宮	おおきさいのみや	皇太后（こうたいごう）＝天皇の御母君（母ではないことも）。この他、「おおきさき」「国母（こくも）」。もしくは、皇太后の宮殿をさす。
大宮	おおみや	太皇太后、または皇太后の敬称。その他、皇子・皇女の母にあたる人の敬称。

宮中ことば	読み方	意味
大御祖	おおみおや	天皇の母君。もしくは天皇の祖先のこと。
皇考	こうこう	天皇が、崩御された先代の天皇をいう言葉。天皇の亡き父君。母君の場合は「皇妣（こうひ）」。
皇祖考	こうそこう	天皇の亡き祖父。亡き祖母は「皇祖妣（こうそひ）」。
皇宗	こうそう	天皇の祖先、第2代綏靖（すいぜい）天皇以降の歴代の天皇。「皇祖（こうそ）」＝天子の始祖。天照大神（106ページ）や神武天皇など。「皇祖皇宗（こうそこうそう）」＝始祖から当代までの歴代の天皇。

公家

朝廷や天皇家に仕えた家のこと

宮中ことば	読み方	意味
公卿	くぎょう	朝廷に仕える高位の役。公＝太政大臣、左大臣、右大臣＋卿＝大納言・中納言・参議と三位以上の貴族。「上達部(かんだちめ)」と同意。
家格	かかく	家柄。公家社会の場合、家格の上位から「摂家（せっけ）」→「清華（せいが）家」→「大臣（だいじん）家」→「羽林（うりん）家」・「名（めい）家」→「半（はん）家」に分けられた。
摂家	せっけ	摂政や関白に任ぜられる家柄。すなわち近衛（このえ）・九条（くじょう）・二条（にじょう）・一条（いちじょう）・鷹司（たかつかさ）の五家をさす。この他「執柄家（しっぺいけ）」とも。

宮中ことば	読み方	意味
清華家	せいがけ	摂家に次ぐ公家の家柄。転法輪三条（てんぽうりんさんじょう）・今出川（いまでがわ＝菊亭・きくてい）・大炊御門（おおいみかど）・花山院（かざんいん）・徳大寺（とくだいじ）・西園寺（さいおんじ）・久我（こが）の七家。のちに醍醐（だいご）・広幡（ひろはた）を加え九家に。「英雄家」とも。
大臣家	だいじんけ	摂家、清華家に次ぐ公家の家柄。正親町三条（おおぎまちさんじょう）家（嵯峨家とも）、三条西（さんじょうにし）家、中院（なかのいん）家の三家。
羽林家	うりんけ	摂家、清華家、大臣家の下で、名家と同列の家格の公家。藤原北家閑院（ほっけかんいん）流（23家）など。近衛中将などの武官職を担う。
名家	めいけ・めいか	羽林家と同格の公家。日野家、広橋家、烏丸（からすまる）家、柳原（やなぎわら）家、竹屋家、裏松家、甘露寺（かんろじ）家、葉室家、勧修寺（かじゅうじ）家、万里小路（までのこうじ）家、清閑寺（せいかんじ）家、中御門（なかのみかど）家、坊城（ぼうじょう）家を「十三名家」という。

半家	はんけ	公家のうち、最下位の家格。明治時代の華族（かぞく・98ページ）令施行後は、子爵を叙爵（じょしゃく）された。
堂上家	どうじょうけ	昇殿を許された公卿の総称。すなわち「公家」。公家の中でも家格が高く、御所で直に天皇に拝謁できた。幕末には１３７家あったという。
地下家	じげけ	公家のうち、昇殿は許されなかった家。江戸時代には４６０家あまりがあり、雅楽の東儀（とうぎ）家など。
公家訓み	くげよみ	従来の音訓読みではなく、名に使われる独特な訓読み。例・成＝おさむ・さだむ・しげ・はかる・みち、など。

華族

明治以降、特権的立場にあった貴族層。明治以前は清華家の別称

宮中ことば	読み方	意味
華族	かぞく	旧憲法時代、貴族として遇せられた特権階級。旧公卿・大名や、国家に貢献した政治家・軍人・官吏などが対象に。昭和22年の新憲法施行により廃止された。
旧華族	きゅうかぞく	明治2年、華族制度の制定により華族に列せられた旧公卿と旧大名など。もしくは、旧憲法時代に華族だったものをさす。
公家華族	くげかぞく	もと公家で、明治維新後に華族になったもの。「大名華族」「武家華族」に対して言う。

大名華族	だいみょうかぞく	江戸時代の大名家、明治維新後に華族になったものをさす。
臣籍降下	しんせきこうか	明治憲法時代に、皇族がその身分を離れて臣籍に入ることを言った。
霞会館	かすみかいかん	正式名称は「一般社団法人霞会館」。旧華族の親睦団体。前身は「華族会館（かぞくかいかん）」。華族制度の廃止により、「霞会館」と名称を改めた。
家令	かれい	明治以降、皇族や華族の家において、事務や家計・奉公人の管理をした執事。家令を補佐する役割は「家扶(かふ)」「いえのすけ」。

敬称と建築の密な関係

大昔から、尊き御方は立派な建物の内に住み、
高い場所に座して、臣下は低い場所で畏まりました。
そんな光景を思い浮かべながらお読みください。

言葉	語源	用いる対象
陛下（へいか）	階段の下	天皇、皇后（天皇の妻）、太皇太后（たいこうたいごう・天皇の祖母君）、皇太后（こうたいごう・天皇の母君）に対する敬称と、皇室典範第23条にある。例:天皇陛下。
殿下（でんか）	宮殿の下	天皇、皇后、太皇太后、皇太后以外の皇族。例:皇太子殿下に対して。昨今は「さま」を用いることが多い。
閣下（かっか）	高殿の下	高殿（たかどの=高く作った建物）の下の意。高位高官に対して用いる。例:大統領閣下。
猊下（げいか）	猊座の下	猊座（げいざ）=仏のすわる座。高僧や法王などに対する敬称。例:ダライ・ラマ猊下。
台下（だいか）	台の下	台（うてな）=高楼=高い楼閣。貴人や高位の聖職者に対して。例:ローマ教皇台下。

第5章　天地開闢から天降るまで――

神とスメラミコトの物語

初代天皇とされる「神武《じんむ》天皇」の曽祖父は、瓊瓊杵尊《ににぎのみこと》だと言われています。この神の祖母にあたるのが、かの有名な「天照大神《あまてらすおおみかみ》」です。

この系譜から、天皇は神を祖先にもっている「神の子孫」であるとされ、〝止ん事無き御方《やんごとなきおかた》〟と位置付けられるに至った……かつては日本史の教科書にも載っていたストーリーです。

これらの元となったのが、『古事記』や『日本書紀』に記された逸話の数々。

まさしくそれは、「神話」！　真偽がどうの、なんて無粋《ぶすい》なことは言わず、その壮大な物語に酔いましょう。日本語ならではの壮麗な〝言の葉〟たちは、あなたを和製ファンタジーの世界に誘ってくれるはずです。

八百万神

多くの神……自然物には全て、神が宿っているという思想

宮中ことば	読み方	意味
記紀神話	ききしんわ	「記紀」＝『古事記（こじき）』と『日本書紀』の総称。これら二書に記された神話＝日本の天地開闢（てんちかいびゃく＝創世）からの物語。
高天原	たかまがはら	天照大神（１０６ページ）などの神々が住んでいたとされる天上界。地下には「根の国・底つ国（死者の国）」があり、中間に「葦原（あしはら）の中つ国（１０７ページ）」、「顕国（現国・うつしくに）」＝人間の国があるとされた。
天つ神	あまつかみ	天＝高天原の神。また、その系列の神や、そこから降ってきた神。「国つ神（１０４ページ）」と区別している。

宮中ことば	読み方	意味
別天つ神	ことあまつかみ	天地開闢（103ページ）の時、初めに現れたとされる神。「天つ神（103ページ）」の中で別格の5神。
天神地祇	てんじんちぎ	「天つ神」と「国つ神」。すべての神々。一般に、天神は高天原（たかまがはら）に生まれた神、あるいは葦原の中つ国に天降った神、地祇はこの国土の神とされる。
国つ神・地祇	くにつかみ	天孫降臨（てんそんこうりん・108ページ）より前から国土を治めていた土着の神。「地神（じがみ）」。
柱	はしら	神の数え方。諸説あるが、大昔、神様を招くために柱を立てたことからとも。そこから、「大黒柱」＝神が宿る家の中心の柱、「心御柱（しんのみはしら）」＝伊勢神宮正殿の柱で神様のよりしろ、などが生まれたとか。

国生み

日本の国創りを壮麗に物語る

宮中ことば	読み方	意味
国生み	くにうみ	『古事記』などに登場する、日本国土を創生する神話。
伊弉冉尊・伊邪那美命	いざなみのみこと	記紀神話（103ページ）で、伊弉諾尊（いざなぎのみこと）とともに国生みをした女神。
伊弉諾尊・伊邪那岐命	いざなぎのみこと	天つ神（103ページ）の命を受け、伊弉冉尊（いざなみのみこと）とともに「磤馭盧島（おのころじま）」をつくって天降ったのち、国生みと神生みを行った男神。

宮中ことば	読み方	意味
三貴神	さんきしん	伊弉諾尊が黄泉国（よもつくに）の汚穢（けがれ）を禊（みそぎ）した際に、生まれた3人の神。「天照大神」「月読尊（つきよみのみこと）」「素戔嗚尊（すさのおのみこと）」。
天照大神・天照大御神	あまてらすおおみかみ	日本神話で、高天原（103ページ）の主神。太陽神であり、皇室の祖神として伊勢神宮の内宮（ないくう）に祀られている。別名「大日孁貴（おおひるめのむち）」「あまてるかみ」。
月読尊・月夜見尊	つきよみのみこと・つくよみのみこと	三貴神の一人で天照大神の弟神。「夜の食国（おすくに＝治める国）」もしくは、「滄海原（あおうなばら）の潮の八百重（やおえ＝幾重にも重なっている）」を統治した神。
素戔嗚尊・須佐之男命	すさのおのみこと	天照大神と月読尊の弟神。大変な乱暴者だったが、高天原から追放されたのち、「八岐大蛇（やまたのおろち）」を退治し、「三種の神器」のひとつの「天叢雲剣（あまのむらくものつるぎ）」を天照大神に献上した（127ページ）。

葦原の中つ国	あしはらのなかつくに	日本の古称。「中つ国」とは、高天原（＝神の住む天上界）と黄泉（よみ）の国（＝死者がいる地下の国）の中間にある、地上の世界。
大国主命	おおくにぬしのみこと	素戔嗚尊（すさのおのみこと）の子、もしくは6世孫とされる、出雲大社の祭神。「因幡（いなば）の白兎（しろうさぎ）」は、子供向け絵本でも御馴染み。
誓約	うけい	古代日本で行われた「卜占（ぼくせん）」の一種。神に誓いを立て、神意を伺うこと。記紀神話（１０３ページ）では、天照大神と素戔嗚尊が、お互いに子供をつくって神判を得ようとする行為をさしている。
天降り人	あまくだりびと	天からこの地上にくだって来た人。「天人（てんにん）」。

宮中ことば	読み方	意味
瓊瓊杵尊・邇邇芸命	ににぎのみこと	天照大神（106ページ）の孫で、初代天皇・神武（じんむ）天皇の曽祖父とされる神。
天壌無窮の詔勅	てんじょうむきゅうのしょうちょく	「天孫降臨」の際、天照大神が皇孫の瓊瓊杵尊に賜ったと言われる神勅（しんちょく）のこと。「天壌無窮の神勅」とも。
天孫降臨	てんそんこうりん	日本神話で、瓊瓊杵尊が、天照大神の命を受けて葦原の中つ国を治めるため、高天原から日向（ひゅうが）国の高千穂峰に天降（あまくだ）ったこと。
高千穂峰	たかちほのみね	宮崎県南西部、霧島山の高峰。標高1574メートル。天孫降臨の地と言われ、山頂に天逆鉾（あまのさかほこ）がある。

史籍

歴史に関する書物。この他「歴史譚」なども

宮中ことば	読み方	意味
旧辞	きゅうじ・くじ	日本古代の口伝えされてきた神話や伝説の記録。『古事記』や『日本書紀』を編纂する際の貴重な資料となった。「本辞（ほんじ）」とも。
古事記	こじき	現存する日本最古の歴史書。７１２年に元明（げんめい）天皇に献上された。天地開闢などの神話や、推古（すいこ）天皇の時代までの天皇家の系譜が記されている。読みは「ふることぶみ」であったとの説も。
日本書紀	にほんしょき	日本初の正史で、７２０年に成立。神代より持統（じとう）天皇の代までを漢文で記した年代記。

神の宮

神の宮殿や神社。「神の宮居」とも

宮中ことば	読み方	意味
伊勢神宮	いせじんぐう	三重県伊勢市所在の皇大神宮（内宮・祭神は天照大神）と豊受大神宮（とようけだいじんぐう・外宮・祭神は豊受大神）両社の総称。
神宮	じんぐう	伊勢神宮のこと。「お伊勢さん」などの名称もあるが、正式には「神宮」とだけ言う。さまざまな「神宮」と称される神社があるなか、最高で特別格の宮居とされる。
斎宮	いつきのみや	「皇大神＝こうたいしん・日本最大の神＝ふつうは天照大神のこと）を祀る宮。特に伊勢神宮をさす。その他、天皇即位の際、天皇の名代で伊勢神宮に遣わされた皇女。「いみみや」「いわみや」とも。

斎宮の忌み詞	さいぐうのいみことば	伊勢神宮で、神に憚《はばか》って仏教語を不浄語として、代用した言葉。仏＝「なかご」、経＝「そめがみ」、僧＝「髪長（かみなが）」など。
神事	かみごと・しんじ	神をまつる儀式。「祭事」「祭典」「神沙汰（かみさた）」「かんわざ」「かんごと」など。
神勅	しんちょく	神のお告げ。特に天照大神（106ページ）が皇孫瓊瓊杵尊（108ページ）を下界に降す時に授けた言葉。
神饌	しんせん	神に供える飲食物の総称。「みけ」「供物（くもつ）」とも。清浄かつ新鮮な海山の産物や、酒、塩、水などを常に供える。

宮中ことば	読み方	意味
神酒	かみさけ・しんしゅ	神に供える酒。「御御酒（おみき）」。「みわ」とも読み、醸造した酒を入れたまま、神に供えた瓶（かめ）をさすとも。
新穀	しんこく	その年にとれた穀物。なかでも「新米」をさす。神事の供物に欠かせない。
沐浴	ゆかわあみ	「ゆ」＝「斎（ゆ）」＝神聖で清浄を意味する＋「かわあみ」＝「川浴（かわあみ）」＝水を浴びる。穢れを流し去り、身を清めるために水を浴びること。
別火	べっか	炊飯や料理のための火を別にすること、またはその火をつかさどる者。かつて火は清く神聖なものとして、神事を行うものは穢（けが）れた火で煮炊きされたものを避けたことから。

付録

新しい時代を迎えるからこそ学びたい

天皇家にまつわる用語集

付録

皇室・皇族

天皇家にまつわる用語集

用語	読み方	意味
親王	しんのう	現行の皇室典範（昭和22年5月3日施行）では、嫡出の皇子、および嫡男系嫡出の皇孫の男子。旧皇室典範（同年5月2日以前）では、皇子から皇玄孫までの男子。律令制（10世紀ころまで）では、天皇の兄弟および皇子。
内親王	ないしんのう	現制では、嫡出の皇女、および嫡男系嫡出の皇孫の女子。旧皇室典範では、皇女から皇玄孫までの女子。律令制では、天皇の姉妹および皇女。
王	おう	皇室典範によれば、天皇の3世以下の嫡男系嫡出の男子。場合により皇位につくこと、摂政となることができる。旧皇室典範では、皇子より5世以下を王とした。

女王	じょおう	現制度では3世以下の嫡男系嫡出の皇族女子。旧皇室典範では、5世以下の皇族女子を言った。
内廷皇族	ないていこうぞく	独立した宮家をもっていない、宮廷内部の皇族。2018年4月現在、内廷にある方々は天皇陛下、皇后陛下、皇太子殿下、皇太子妃殿下、敬宮殿下の5方。
宮家	みやけ	宮号を賜った皇族の家。2018年4月現在、宮家の皇族方は、秋篠宮（5方）、常陸宮（2方）、三笠宮（4方）、高円宮（3方）の各宮家の14方。
宮号	みやごう	独立した宮家を立てた皇族に賜る称号。例えば、平成の今上天皇の第2皇子・礼宮文仁（あやのみやふみひと）様の宮号は「秋篠宮（あきしののみや）」となり、礼宮の御称号は用いられなくなる。

付録 天皇家にまつわる用語集

ご誕生からご成人まで

用語	読み方	意味
御名	おんな	天皇直系の子孫（内廷の皇子や皇孫）につく実名。たとえば、昭和天皇の場合、「裕仁（ひろひと）」。
御称号	ごしょうごう	「呼名（よびな）」とも。たとえば、今上天皇の場合、「継宮（つぐのみや）」。ふつう、御名とともに、誕生7日目の「命名の儀」で授けられる。
お守り刀	おまもりがたな	天皇もしくは内廷皇族にお子さまが生まれた後、行われる「御剣（ぎょけん）を賜うの儀」で贈られる剣。女児の場合は、剣の他に御袴（おはかま＝目録）が添えられるのが慣例。

御初召	おうぶめし	ご誕生から50日すぐに行われる「賢所（かしこどころ・151ページ）皇霊殿（こうれいでん・152ページ）神殿に謁するの儀」で、新宮がお召しになる白い衣装。
着袴の儀	ちゃっこのぎ	平安時代から伝わる儀式。一般の七五三にあたるもの。お子さまが数え年で5歳になる時、天皇から贈られた袴を初めて着ける。
童形服	どうぎょうふく	「着袴の儀」で着用する、天皇皇后両陛下から贈られる着物。童形＝まだ結髪していない子ども。
成年式	せいねんしき	皇族が成年に達せられた時に行われる儀式。「天皇、皇太子及び皇太孫の成年は18年とする」（皇室典範第22条）。他の皇族の場合は、20歳で成年となる。

付録　天皇家にまつわる用語集

ご結婚

用語	読み方	意味
納采の儀	のうさいのぎ	結納を取り交わすこと。「納采」＝聘（あと）う＝結婚を申し込むこと。妻として迎えること。
一荷の酒	いっかのさけ	納采の儀のおり、相手方に贈られる瓶６本の清酒。
鮮鯛料	せんたいりょう	納采の儀で、相手方に贈られる雌雄一対の真鯛の代料。

お妃教育	おきさききょういく	皇族とご婚約が内定した女性に対し、成婚に備えて行う学習。和歌、憲法、宮内庁制度、宮中祭祀や慣習などが講義される。
告期の儀	こっきのぎ	結婚の儀が執り行われる期日が定められたことを伝える儀式。
結婚の儀	けっこんのぎ	一般の神前結婚式にあたる「賢所大前の儀」が賢所で行われる。その後、「皇霊殿神殿(こうれいでんしんでん)に謁(えつ)するの儀」が執り行われる。
大婚	たいこん	天皇の結婚。「成婚」=結婚が成立すること。「婚」=よめいり。「昏」は夕（ゆうべ）の意味。かつて婚礼は夕刻から行われたため。

用語	読み方	意味
朝見の儀	ちょうけんのぎ	立太子やご結婚などの折、天皇や皇后にごあいさつをされる儀式。「朝見」＝天皇や皇后、もしくは太皇太后や皇太后に拝謁すること。
供膳の儀	くぜんのぎ	ご結婚されたお二方が、初めて食事をご一緒にされる儀式。
三箇夜餅の儀	みかよもちのぎ	ご結婚の夜から3日間にわたり、御殿にお祝いの餅を供えられる儀式。「三日（みか）の餅（もちい）」＝平安時代、婚礼当夜から3日目の夜に、妻の家で新郎新婦に食べさせた祝いの餅、もしくはその儀式のこと。
宮中饗宴の儀	きゅうちゅうきょうえんのぎ	ご即位、立太子、ご結婚などを披露され、祝福を受けられる祝宴のこと。「饗宴」＝酒食の席を用意して、客をもてなすこと。

付録　天皇家にまつわる用語集

ご大喪

用語	読み方	意味
崩御	ほうぎょ	天皇・皇后・太皇太后・皇太后がお亡くなりになること。
薨去	こうきょ	「陛下」と呼ばれる方々……天皇・皇后・太皇太后・皇太后以外の皇族の方がお亡くなりになること。
大喪儀	たいそうぎ	大行（たいこう）天皇（123ページ）・太皇太后・皇太后・皇后の喪葬。「大喪（たいそう）の礼」＝国事行為として行われる天皇の葬儀。

用語	読み方	意味
祇候	しこう	一般でいう、仮通夜にあたるもの。昭和天皇の大喪の折には、ご遺体を安置した皇居の吹上（ふきあげ）御所で行われた。その後、「御舟入（おふねいり）」＝納棺に。
斂葬	れんそう	いわゆる「告別式」にあたる皇室の儀式。「葬場殿（そうじょうでん）の儀」と「陵所（りょうしょ）の儀」のこと。
櫬殿	しんでん	天皇・皇族が死去して殯宮（ひんきゅう）に移されるまで、棺を安置しておく御殿のこと。「櫬宮（しんきゅう）」とも。
殯宮	ひんきゅう	読みは「もがりのみや」「あがりのみや」「あらきのみや」とも。天皇や皇族の棺を埋葬まで安置しておく仮の御殿。「殯（もがり）」＝「喪」＋「上がり」が変化した言葉との説が。

葱華輦	そうかれん	屋根の上に、金色の葱（ねぎ）の花の形の飾りをつけた、特別な輿（こし）のこと。神事または行幸（140ページ）に用いられた。大喪の礼では、昭和天皇の棺がのられた。「なぎのはなのみこし」「なぎの花」「華輦」とも。
轜車	じしゃ	貴人の棺（ひつぎ）をのせる車＝一般の霊柩車にあたる車。「きぐるま」とも。
大行天皇	たいこうてんのう	大行＝大仕事、立派な行為。天皇が崩御なさってから、元号などがつけられた「追号（ついごう）」が公示されるまでに呼ばれる。
諡	おくりな	「追号」「諡号（しごう）」とも。天皇・皇后・太皇太后・皇太后が崩御なさったあとにおくられる呼称。

用語	読み方	意味
御誄	おんるい	「誄」＝しのびごと＝亡き方の偉業をたたえ、哀悼の意を述べる言葉。
諒闇・諒陰・亮闇	りょうあん	「諒」＝まこと、「闇」＝謹慎。天皇がその父母の死に対しての服喪期間。「ろうあん」「みものおもい」「御思い」。
御霊代	みたましろ	御霊に代わって祀るもの＝御神体。一般でいう「御位牌」をさすことも。
武蔵野陵	むさしののみささぎ	昭和天皇の陵名。大正天皇は「多摩（たまの）陵」、明治天皇は「伏見桃山（ふしみのももやまの）陵」。有名な前方後円墳、仁徳（にんとく）天皇陵は、「百舌鳥耳原中（もずのみみはらのなかの）陵」。

付録　天皇家にまつわる用語集

立太子・即位・譲位

用語	読み方	意味
立太子	りったいし	皇太子に冊立（さくりつ＝勅命によって皇后・皇太子などの位につける）すること。「立坊（りつぼう）」とも。「立太子の礼」＝皇太子であることを公に告げられる儀式。
皇長子	こうちょうし	天皇の第一皇子。皇位継承権第一位。「皇太孫（こうたいそん）」＝皇位を継ぐことになっている天皇の孫。
壺切の御剣	つぼきりのぎょけん	皇太子相伝の守り刀。立太子の時、天皇から授けられるもので、代々皇位継承者のしるしとして伝承された。「つぼきりのつるぎ」「つぼきりのごけん」とも。

用語	読み方	意味
践祚	せんそ	先帝の崩御または譲位によって、天皇の位を受け継ぐこと。
即位	そくい	天皇の位につくこと。「即位の礼」は国事行為であり、「剣璽（けんじ）等承継の儀」「即位後朝見の儀」「即位礼正殿の儀」「祝賀御列の儀」「饗宴の儀」で構成される。
剣璽等承継の儀	けんじとうしょうけいのぎ	即位に伴い、「皇位とともに伝わるべき由緒ある物」（皇室経済法7条）、さらに国事において使用する御璽（ぎょじ・132ページ）と国璽（こくじ・133ページ）を継承。
皇位とともに伝わるべき由緒ある物	こういとともにつたわるべきゆいしょあるもの	三種の神器＝鏡・剣・璽（じ）や宮中三殿（賢所・皇霊殿・神殿）のように、皇位とともに承継されるべき由緒ある物（皇室経済法第7条）。

三種の神器	さんしゅのじんぎ	歴代の天皇が皇位のしるしとして受け継いだという三つの宝物。「八咫鏡（やたのかがみ）」「天叢雲剣（あまのむらくものつるぎ）」「八尺瓊勾玉（やさかにのまがたま）」のこと。
八咫鏡	やたのかがみ	三種の神器の一つ。天照大神（106ページ）が天岩戸（あまのいわと）に隠れた時、石凝姥命（いしこりどめのみこと）が作ったと言われる。伊勢神宮に「御霊代（みたましろ）」として奉斎されている。「やたかがみ」とも。
天叢雲剣	あまのむらくものつるぎ	三種の神器の一つ。素戔嗚尊（すさのおのみこと）が出雲国の簸川（ひのかわ）で、八岐大蛇（やまたのおろち）を退治した時に、その尾から出たという剣。「草薙剣（くさなぎのつるぎ）」とも。
八尺瓊勾玉	やさかにのまがたま	三種の神器の一つ。天照大神（106ページ）が天岩戸に隠れた際、神々が真榊（まさかき）につけて飾ったという勾玉。

用語	読み方	意味
高御座	たかみくら	即位の礼で、天皇がおつきになる御座。皇位そのものを意味し、即位の他、「大嘗会（だいじょうえ＝大嘗祭・129ページ）」「朝賀（ちょうが・宮中の年中行事）」などの儀式の時に天皇が着座なさる。
御帳台	みちょうだい	皇后の御座。「高御座」と同型で、もっと小さい。
大錦旛	だいきんばん	即位礼の日に、紫宸殿（ししんでん）の前庭に立てられる錦旛の一。神武天皇ゆかりの八咫烏（やたがらす）形、霊鵄（れいし）形の2種がある。
八咫烏	やたがらす	神武天皇が東征した際、熊野から大和へ入る山中を導くために、皇室の始祖・天照大神（106ページ）が遣わした烏。八咫＝大きい。

霊鵄	れいし	鵄＝トビ。「金鵄（きんし）」とも。神武天皇が長髄彦（ながすねひこ）を征伐した際、弓先にとまって味方を勝利に導いたといわれる。
大嘗祭	だいじょうさい	即位後初めて、天皇が天照大神（106ページ）や天神地祇（104ページ）に神饌奉ると同時に、自らも食す祭り。天皇の、一代一度かつ最大の祭り。「践祚大嘗祭」とも。
一代一度	いちだいいちど	天皇の一代に、ただ一度行われること。または、その行事。「一世一代」とも。
大饗の儀	だいきょうのぎ	大嘗宮（だいじょうきゅう）の儀（大嘗祭の中心的儀式）の後、天皇が参列者に白酒（しろき）や黒酒（くろき・150ページ）、酒肴を賜り、ともに召し上がる儀式のこと。

用語	読み方	意味
譲位	じょうい	天皇や君主がその位を譲ること。「譲国（じょうこく）」「みくにゆずり」とも。2018年4月現在、歴代天皇のうち譲位したのは57代。
太上天皇	だいじょうてんのう	「だじょうてんのう」「おおきすめらみこと」とも。譲位後の天皇の称号。697年、持統天皇が譲位して称したのが最初。
布衣始め	ほういはじめ	天皇が退位して、太上天皇の尊号を受けたあと、はじめて烏帽子（えぼし）・狩衣（かりぎぬ）を着る儀式。烏帽子・狩衣は、天皇在位中は全く着用しない。
摂政	せっしょう	天皇にかわり、天皇の名で国事行為を行う人。「天皇が成年に達しない時は、摂政を置く。また、天皇が、精神・身体の重患か重大な事故により、国事行為をみずからすることができない時は、皇室会議の議により、摂政を置く」（皇室典範第16条）。

付録 天皇家にまつわる用語集

天皇のご行為

用語	読み方	意味
国事行為	こくじこうい	憲法上、天皇に認められている国家的事務に関する行為。内閣の助言と承認を必要とし、その責任は内閣が負う。法律などの公布、国会の召集、衆議院の解散、一定の官吏の任免の認証、栄典の授与など。
公的行為	こうてきこうい	国事行為ではないが、「日本国の象徴」として天皇が行う行為。外国賓客の接遇や外国訪問、国民体育大会など国民的行事への臨席、園遊会の主催。
その他の行為	そのたのこうい	天皇の行為として、政府が「国事行為」「公的行為」「その他の行為」の3つを定義しているうち、以前は「私的行為」と言ったものを呼び直したもの。宮中祭祀など、公的色彩のあるものも多いことから。

ご公務

用語	読み方	意味
親任式	しんにんしき	天皇が内閣総理大臣（国会の指名）と最高裁判所長官（内閣の指名）を任命される儀式のこと。
認証官任命式	にんしょうかんにんめいしき	任免につき天皇の認証を必要とするもの＝認証官の任命式。認証官＝国務大臣、内閣官房副長官、公正取引委員会委員長、原子力規制委員会委員長、宮内庁長官、侍従長、特命全権大使、最高裁判所判事、検事長など。
御璽	ぎょじ	詔書、法律や条約の公布文や批准書、大使・公使の信任状等に押印される璽（印章）。「天皇御璽」と刻印されている。

国璽	こくじ	勲記（＝叙勲者に勲章とともに与えられる証書）に押印される国印。「大日本国璽」と刻印されている。
ご会見	ごかいけん	天皇陛下が皇后陛下とご一緒に、来日した外国の元首・夫人などの賓客とお会いになること。
ご引見	ごいんけん	天皇陛下が皇后陛下とご一緒に、外国の首相や大使、その夫人などの賓客とお会いになること。
ご会釈	ごえしゃく	天皇・皇后が非公式にお会いになること。皇居内の清掃奉仕のため、全国各地から集まる人々とお会いになる。

用語	読み方	意味
ご接遇	ごせつぐう	もてなし、接待。皇室における国賓のご接遇には、両陛下を中心とする歓迎行事、ご会見、宮中晩餐、ご訪問などがある。
ご親書	ごしんしょ	天皇陛下から外国の元首などに発出されるご書簡。または、外国元首から天皇陛下あての書簡に対するご返書。
ご親電	ごしんでん	外国の建国記念日や慶弔、外国での大規模災害の発生などに当たり、天皇陛下（両陛下の場合も）から送られるご祝電・ご弔電・お見舞電などのこと。また天皇誕生日や皇后誕生日などに寄せられた電報へのご答電。
拝謁	はいえつ	天皇・皇后に国内の要人・功績者などが公式にお会いすること。社会福祉・医療・教育・文化・学術・産業など各分野で功績があった人など。

内奏	ないそう	天皇陛下に対し、内閣総理大臣や国務大臣が所管事項などをご説明すること。
進講	しんこう	天皇皇后両陛下に、専門事項などをご説明すること。
陪聴	ばいちょう	天皇・皇后・皇族とご一緒に、ご進講を聴かせていただくこと。
お茶・お茶会	おちゃ・おちゃかい	お客を招いて軽食を供する行事のこと。

	読み方	意味
午餐	ごさん	一般には昼食のこと。宮中では、公賓を招いて宮中の小食堂「連翠（れんすい）」で行われる昼食会。
宮中晩餐	きゅうちゅうばんさん	皇室における国賓の接遇の一つで、宮中において催される夕食会。
園遊会	えんゆうかい	毎年、春と秋の2回、天皇皇后両陛下が、三権の長等の要人や都道府県の知事、各界功績者とその配偶者を招き、赤坂御苑で開催される饗応のこと。ふつう、2000人以上が招かれる。
新年一般参賀	しんねんいっぱんさんが	天皇陛下が、国民から新年の祝賀をお受けになる行事。参賀者は、皇居正門から入門して宮殿東庭で祝賀のうえ、退出する。

付録 天皇家にまつわる用語集

皇室で接遇される賓客

用語	読み方	意味
国賓	こくひん	政府が儀礼を尽くして公式に接遇し、皇室の接遇にあずかる外国の元首やこれに準ずる者。その招へいや接遇は、閣議で決定される。
公賓	こうひん	国賓に次ぐ待遇をされる、閣議が認めた政府の賓客。皇室の接遇にあずかるのは、外国の王族や行政府の長、あるいはこれに準ずる者。
公式実務訪問賓客	こうしきじつむほうもんひんきゃく	外国の元首、王族、行政府の長、またはこれに準ずる者が実務を主たる目的として訪日した際に、賓客の地位や訪問目的に照らして政府が公式に接遇すると同時に、皇室の接遇にもあずかる賓客。

付録

栄典

天皇家にまつわる用語集

用語	読み方	意味
栄典	えいてん	国家や社会に功労のあった人を表彰し、与えるもの。
位階	いかい	栄典の一種で、正一位（しょういちい）から従八位(じゅはちい)までの16階。1946年、生存者に対する叙位は一時停止。以降、国家または公共に功績のあるものが死亡した場合にのみ、叙位が行われている。
勲章	くんしょう	生涯を通じた功績を総合的に判断し、原則、70歳以上に与えられる。「大勲位菊花章頸飾(だいくんいきっかしょうけいしょく)」が最高位中の最高位。外国の元首を除き、天皇陛下のみが保持。

褒章	ほうしょう	表彰されるべき実績に対し、その都度与えられる。勲章は国家に功績あるものが対象であるが、褒章は社会や公共のため尽くしたものに与えられる。
賜杯	しはい	勲章や褒章と同じく、内閣の助言と承認により天皇が授与する栄典の一つ。勲章にかわる菊紋と、褒章にかわる桐紋の２種類があり、それぞれに銀杯と木杯がある。
大勲位菊花大綬章	だいくんいきっかだいじゅしょう	日本人に与えられる勲章のうち、一般人に与えられる最高位のものとされる。２０１８年４月現在、一般受賞者で生存者は、中曽根康弘元首相のみ。
宝冠大綬章	ほうかんだいじゅしょう	女性のみに与えられる勲章で、女性皇族（内親王）が成年を迎える時などに授けられる。２００３年、栄典制度の改革により、勲一等（くんいっとう）宝冠章が名称変更された。

付録 天皇家にまつわる用語集

お出まし

用語	読み方	意味
行幸	ぎょうこう	天皇が外出されること。江戸時代初期までは「ぎゃうがう」と濁っていた。和語で「みゆき」。各地をおまわりになるのは、「巡幸（じゅんこう）」。
還幸	かんこう	天皇が行幸先からお戻りになること。「還御（かんぎょ）」とも。神が神幸（しんこう＝神が臨行すること）先から帰ること。
行幸啓	ぎょうこうけい	天皇・皇后がご一緒に外出なさること。ご一緒に戻られることは「還幸啓（かんこうけい）」。

三大行幸啓	さんだいぎょうこうけい	「全国植樹祭」「国民体育大会」「全国豊かな海づくり大会」。
行啓	ぎょうけい	皇后・皇太后・皇太子・皇太子妃が外出なさること。お戻りになる時は「還啓（かんけい）」。
お成り	おなり	天皇・皇后・皇太后・皇太子・皇太子妃以外の皇族の方が外出されること。お戻りになる時は「御帰還（ごきかん）」。
便殿	びんでん	行幸・行啓の際の、天皇や皇后の臨時の休息所のこと。「お休み所」とも。

用語	読み方	意味
貴賓室	きひんしつ	皇族など賓客（ＶＩＰ）を接遇するために設けられた部屋。
お召し列車	おめしれっしゃ	天皇皇后両陛下、皇太后さまが乗車される列車のなかで、特別運転される臨時列車のこと。専用車両が用意されている。ただし新幹線では、通常営業用のグリーン車が利用される。
儀装車	ぎそうしゃ	儀礼用の馬車。漆塗の車体に装飾がほどこされており、屋根に鳳凰（ほうおう）を戴いた1号車は「鳳凰馬車」とも呼ばれる。昭和天皇の即位の礼（１２６ページ）などで使用された。
御料車	ごりょうしゃ	天皇皇后両陛下がご乗用になる車両。皇室専用の「皇」ナンバー＝公的なお出まし用、「品川」ナンバー＝その他のお出まし用。

付録 天皇家にまつわる用語集

典雅な行事

宮中ことば	読み方	意味
歌会始の儀	うたかいはじめのぎ	毎年1月に開催。天皇皇后両陛下の御前で、一般から選ばれた歌、選者の歌、召人（めしうど）の歌、皇族のお歌、皇后の御歌（みうた）、最後に御製（ぎょせい＝天皇の歌）を披講（ひこう）する儀式。
講書始の儀	こうしょはじめのぎ	毎年1月に開催。天皇皇后両陛下が、人文科学・社会科学・自然科学などの権威者のご説明をお聴きになる儀式。
月見の宴	つきみのうたげ	毎年旧暦8月15日を新暦に換算、秋草（ススキ、オミナエシ、フジバカマなど）を活け、サトイモや枝豆などを供える。天皇皇后両陛下も、お供えと同じものを夕食に召し上がる。

用語	読み方	意味
のぼり月	のぼりづき	月見の宴で、天皇皇后両陛下がご覧になる、ちょうど満月になるころの月。
ニホンマサリ	にほんまさり	皇居内の生物学研究所脇の水田で、天皇陛下が植えられるうるち米の品種。もう一種、栽培されているのは、もち米の「マンゲツモチ」。
御養蚕	ごようさん	宮中で営まれている養蚕のこと。皇居内には「紅葉山（もみじやま）御養蚕所」という伝統的な養蚕設備がある。明治以降、カイコの飼育が行われ、歴代の皇后に継承されている。
小石丸	こいしまる	宮中の御養蚕所で、皇后御親蚕に用いられるカイコの品種。奈良時代より飼育が開始されたといわれ、現在のカイコの祖先的な存在。正倉院収蔵の絹織物の修復にも用いられた。

付録 祭祀 天皇家にまつわる用語集

宮中ことば	読み方	意味
宮中祭祀	きゅうちゅうさいし	宮中三殿（151ページ）で行われる祭祀。「大祭（たいさい）」、「小祭（しょうさい）」、「旬祭（しゅんさい・146ページ）」がある。
大祭	たいさい	宮中祭祀のうち、天皇陛下ご自身で祭典を行われ、「御告文（おつげぶみ・149ページ）」を奏上される祭事。「神嘗祭」「新嘗祭」（147ページ）など。
小祭	しょうさい	掌典長が祭典を行い、天皇陛下がご拝礼になる祭事。「歳旦祭（さいたんさい）」「祈年祭（きねんさい）」「賢所御神楽（かしこどころみかぐら）」など。

用語	読み方	意味
旬祭	しゅんさい	毎月1日・11日・21日に行う祭典。掌典長が祭典を行うが、原則として1日は天皇陛下のご拝礼がある。
元始祭	げんしさい	大祭の一つ。1月3日、天皇の位の元始(はじまり)を祝って、宮中三殿で行われる祭儀。
昭和天皇祭	しょうわてんのうさい	大祭の一つ。1月7日、昭和天皇が崩御なさった日に皇霊殿で行われる祭典。
春季皇霊祭・神殿祭	しゅんきこうれいさい・しんでんさい	大祭の一つ。春分の日に皇霊殿で行われるご先祖祭と、神殿で行われる神恩(しんおん=神の恵み)に感謝する祭典。

神武天皇祭	じんむてんのうさい	大祭の一つ。4月3日、神武天皇の崩御日とされる日に皇霊殿で行われる祭典。神武天皇陵（奈良県橿原市）でも祭典を催す。
神嘗祭	かんなめさい	大祭の一つ。10月17日、天皇陛下が賢所に新穀をお供えになる神恩感謝の祭典。この朝、天皇陛下は神嘉殿において伊勢の神宮をご遙拝（＝遠い所から神仏などを拝む）になる。
秋季皇霊祭・神殿祭	しゅうきこうれいさい・しんでんさい	大祭の一つ。秋分の日に皇霊殿で行われるご先祖祭と、神殿で行われる神恩感謝の祭典。
新嘗祭	にいなめさい	大祭の一つで、宮中恒例祭典の中の最も重要な祭事。11月23日、神嘉殿（しんかでん）で、天皇陛下が皇祖や神々に新穀をお供えになり、神恩を感謝されたあと、陛下自らもお召し上がりになる祭典。

用語	読み方	意味
四方拝	しほうはい	1月1日、早朝に天皇陛下が神嘉殿南庭で伊勢神宮、山陵および四方の神々をご遙拝になる年中最初の行事。
賢所御神楽	かしこどころみかぐら	12月中旬、夕刻から賢所に御神楽を奏し、神霊をなごめる祭典。
節折	よおり	6月30日と12月31日に、天皇陛下のために行われるお祓（はら）いの行事。
大祓	おおはらい	6月30日と12月31日に、神嘉殿の前で皇族や国民のために行われるお祓いの行事。

付録 天皇家にまつわる用語集

祭祀に関する語

宮中ことば	読み方	意味
斎戒	さいかい	神聖な仕事に従事するものが、飲食や行動を慎んで、心身を清めること。「物忌み」「潔斎」とも。
御告文	ごこうもん	天皇が皇祖皇宗（94ページ）の神霊に告げる文のこと。「おつげぶみ」とも。
帛御服	はくのごふく	天皇の神事服。大嘗祭（129ページ）や新嘗祭（147ページ）などで着用。特に白地無文のものを帛御袍（はくのごほう）といい、9世紀初頭の嵯峨（さが）天皇より、神事に用いられるようになった。

用語	読み方	意味
坂枕	さかまくら	大嘗祭（129ページ）などの大祭（145ページ）の時、神座（かみくら）の八重畳（やえだたみ＝幾重にも重ねた敷物）の上に敷いて神に奉った薦枕（こもまくら＝マコモで作った旅寝の即席枕）。頭をのせる部分が斜めに。
白酒	しろき	新嘗祭（147ページ）や大嘗祭の時、神に供えた白色の酒。斎田で実った米でつくられる。
黒酒	くろき	「くろみき」とも。大嘗祭には白酒とともに供物に。平安時代には白酒にクサギの灰を加えたものを、室町時代には白酒（甘酒）に黒ゴマの粉を入れたものを言った。
斎田	さいでん	大嘗祭で供進（ぐしん＝神仏に物を供える）する御酒や御饌（みけ＝神への供物）となる新穀を栽培する田。

付録 天皇家にまつわる用語集

皇居

宮中ことば	読み方	意味
皇居	こうきょ	第二次世界大戦後に「宮城（きゅうじょう）」の名称が廃止、皇居と呼ぶようになった。天皇皇后両陛下の住居＝「御所」、各種公的行事や政務の場＝「宮殿」、宮内庁庁舎などがある。
宮中三殿	きゅうちゅうさんでん	皇居内の賢所（かしこどころ）・皇霊殿（こうれいでん）・神殿（しんでん）の総称。
賢所	かしこどころ	宮中三殿の一つ。天照大神（１０６ページ）の御霊代（みたましろ＝御神体）として神鏡を奉安してある。

用語	読み方	意味
皇霊殿	こうれいでん	宮中三殿の一つ。賢所の西にあり、神武天皇以来の天皇・皇后・各皇族など皇室の祖先を祀る。「春季皇霊祭」「秋季皇霊祭」（146・147ページ）などが行われる。「皇霊」＝歴代の天皇の霊。
神殿	しんでん	宮中三殿の一つ。賢所の東にあり、天神地祇（104ページ）、国中の神々が祀られている。
宮殿	きゅうでん	鉄骨鉄筋コンクリート造りで、7326坪。大屋根と柱・梁で構成され、日本古来の建築美を生かした建造物。建築資材のほとんどは、国産のもの。1969年4月から使用。
表御座所棟	おもてござしょとう	宮殿の中にある、天皇陛下が公的な事務をお執りになる場所のこと。

正殿松の間	せいでんまつのま	宮殿で最も格式の高い部屋。約112坪。もとは、江戸城本丸の大廊下に次ぐ大名詰め所で、衝立に松が描かれていた。「新年祝賀の儀」「信任状捧呈式」「勲章親授式」「歌会始の儀」など、主要な儀式に使用。
正殿竹の間	せいでんたけのま	約55坪の部屋で、室内には福田平八郎作の「竹」が掛けられている。ご会見、ご引見、その他の儀式・行事で使用される。
正殿梅の間	せいでんうめのま	約46坪。正面の壁面には、中村岳陵作の「紅白梅」が掛けられている。主に、皇后関係の儀式・行事（皇后誕生日祝賀、皇后引見等）に使用される。
千草の間・千鳥の間	ちぐさのま・ちどりのま	千草の間（約20坪）と、千鳥の間（約26坪）の2部屋は、通常1部屋として利用。参殿者の休所や、その他に使用される。

用語	読み方	意味
豊明殿	ほうめいでん	宮殿内で最も広い大広間で、約280坪。宮中晩餐会や多人数の宴会に使用。昔の宮中における饗宴の一つ「豊明節会（とよのあかりのせちえ）」が、その名の由来。
連翠	れんすい	約112坪。中央には可動式の仕切り壁があり、用途によって2部屋に。午餐や晩餐など、小人数の宴会で使用。
長和殿	ちょうわでん	南北約160mにもなる細長い建物。1月2日の「新年祝賀」と、「天皇誕生日」の一般参賀に使用。
春秋の間	しゅんじゅうのま	約184坪あり、豊明殿に次いで広い大広間。両壁面に春霞の中に立つ松を描いた「清光」と、秋の霧の中の北山杉を描いた「寂光」が綴れ織り張りで描かれているのが、部屋の名の由来。

北溜・南溜	きただまり・みなみだまり	北車寄、南車寄につながる玄関ホール。南溜は約160坪、天井には3485個のクリスタルガラスで作られたシャンデリアが2基下がっている。北溜は約113坪で、拝謁にも使用され、記帳所が設けられている。
東庭	とうてい	「新年祝賀」「天皇誕生日」の一般参賀の場として使用。その地下は、約120台収容の駐車場。
御所	ごしょ	天皇皇后両陛下のお住まい。吹上（ふきあげ）御苑内にあり、1993年12月から使用。
吹上大宮御所	ふきあげおおみやごしょ	1961年、「吹上御所」として建設。生前の昭和天皇と香淳（こうじゅん）皇后のお住まいだった。昭和天皇の崩御後に「吹上大宮御所」と改称。2000年の香淳皇后の崩御後は、使用されていない。

用語	読み方	意味
皇居東御苑	こうきょひがしぎょえん	約６３０００坪。旧江戸城の本丸・二の丸・三の丸の一部を宮殿の造営にあわせて皇居附属庭園にしたもの。１９６８年10月開園。２０１８年３月に、入園者数が３０００万人に到達した。
百人番所	ひゃくにんばんしょ	皇居東御苑内にある番所。江戸城の正門だった「大手門（おおてもん）」から、本丸に入る時の最大の検問所。同苑内には、他に「同心番所」がある。
桃華楽堂	とうかがくどう	１９６６年２月建造。香淳（こうじゅん）皇后の還暦を記念し、建てられた音楽堂。香淳皇后のお印「桃」や画号「桃苑」にちなんで命名。
三の丸尚蔵館	さんのまるしょうぞうかん	１９８９年、皇室に受け継がれた美術品が国に寄贈されたことを機に、その品々を保管・展示・研究するために建造。１９９３年11月に開館。

生物学研究所	せいぶつがくけんきゅうじょ	１９２８年、昭和天皇が生物学の研究を行うために建設。現在は新嘗祭（１４７ページ）の供物となる新穀米を栽培したり、天皇陛下の魚類学研究の場など、多岐に利用される。
紅葉山御養蚕所	もみじやまごようさんじょ	１９１４年、貞明（ていめい）皇后の命により建設。以来、歴代皇后が蚕を飼育している施設。御養蚕所で生産された絹製品は、主に皇室の儀典用衣裳等に用いられる。
大道庭園	おおみちていえん	皇居内にある庭園。宮内庁職員が常駐し、90種５００鉢もの盆栽が育てられている。推定樹齢６００年の真柏（シンパク・ヒノキ科）や、徳川家光が愛蔵していた五葉松「三代将軍」などが有名。
伏見櫓	ふしみやぐら	江戸城西の丸の西南隅に建てられた二重櫓（やぐら）。その両横には、大きな多聞（たもん＝石垣の上に築いた建物。倉庫としても使用）が。皇居で最も美しい櫓と言われる。

皇室ゆかりの地

天皇家にまつわる用語集

用語	読み方	意味
御料牧場	ごりょうぼくじょう	地米や魚、調味料などを除き、皇族の食事や外交団の接待などに使う食材を生産している。野菜や果物の栽培、乳牛、羊、豚、鶏、キジなどの飼育とともに、乗用馬・引き馬の育成も。栃木県にある。
御用邸	ごようてい	避暑や避寒に用いられる皇室の別邸。現在の御用邸は葉山（神奈川県葉山町）、那須（栃木県那須町）、須崎（静岡県下田市）の3カ所にある。
鴨場	かもば	「埼玉鴨場」（埼玉県越谷市）と「新浜鴨場」（千葉県市川市）の2ヵ所。毎年1万羽を超える渡り鳥が越冬のため飛来してくる。内外の賓客の接待の場でもある。

京都御所	きょうとごしょ	京都市の京都御苑にある旧皇居。明治初期までの一千年あまりの間、天皇のお住まいだったところ。現在の建物は、だいたい1855年に造営されたもの。「京都皇宮」とも。
諸大夫の間	しょだいぶのま	京都御所で、公的要件で参内した際の控え場所だった建物。襖の絵にちなみ、格の高い順に「虎の間」、「鶴の間」、「桜の間」の三室が並ぶ。
御常御殿	おつねごてん	天皇の日常の住まいであった御殿で、京都御所で最も大きな建物。
飛香舎	ひぎょうしゃ	女御（にょうご＝天皇の寝所にはべる、高位の女官）の入内（じゅだい＝内裏に入る）の儀式が行われた建物。また、中庭に植えられた藤にちなみ、「藤壺（ふじつぼ）」とも呼ばれた。

用語	読み方	意味
仙洞御所	せんとうごしょ	17世紀初頭、後水尾（ごみずのお）天皇が上皇となられた際に造営。京都大宮御所と敷地がつながっている。
桂離宮	かつらりきゅう	17世紀初～中ごろまでに、八条宮・初代智仁（としひと）親王、二代智忠（としただ）親王父子が、現在の京都市西京区の所領地に建てた別荘。その庭は、最高の日本庭園と称されている。
月波楼	げっぱろう	京都の桂離宮にある、観月のためにつくられた茶亭。夜空の月と、池の水面に映る月の両方を楽しめる。
修学院離宮	しゅうがくいんりきゅう	比叡山の山麓にある離宮（天皇や上皇の別邸）。17世紀の中ごろ、後水尾上皇の命により建造。上・中・下の3離宮からなる。借景の手法がふんだんに取り入れられた庭園が見どころ。

付録 天皇家にまつわる用語集

皇室経済

用語	読み方	意味
内廷費	ないていひ	天皇・内廷皇族の日常の費用や、その他内廷諸費にあてるもの。法律により定額が定められている（皇室経済法第4条、皇室経済法施行法第7条）。
御手元金	おてもときん	皇室経済法の定めるところにより、宮内庁の経理に属する「公金」とされない金銭のこと（皇室経済法第4・6条）。
皇族費	こうぞくひ	皇族としての品位保持のためにあてるもの。各宮家の皇族に対し年額により支出。皇族費は、各皇族の「御手元金」となる。他に、皇族が初めて独立する際などに一時金も。（皇室経済法第6条、皇室経済法施行法第8条）。

用語	読み方	意味
宮廷費	きゅうていひ	儀式、国賓や公賓等の接待、行幸啓など皇室の公的ご活動等に必要な経費と、皇室用財産の管理に必要な経費、皇居等の施設整備の経費など。宮廷費は、宮内庁が経理する「公金」（皇室経済法第5条）。
皇室経済会議	こうしつけいざいかいぎ	内廷費や皇族費の定額の変更など、法律に定める皇室経済関係の重要事項について審議する会議。衆・参両院の議長と副議長、内閣総理大臣、財務大臣、宮内庁長官、会計検査院長の議員8人および予備議員で組織される。
皇室用財産	こうしつようざいさん	国有財産のうち、行政財産（＝直接、公の目的に供される財産）に属し、国において皇室の用に供する、もしくは供するものと決定した財産のこと。
皇室財産の相続	こうしつざいさんのそうぞく	皇室財産の相続に関し、特例として、「皇位とともに伝わるべき由緒ある物（126ページ）は、皇位とともに、皇嗣がこれを受ける（皇室経済法第7条）」。

付録 天皇家にまつわる用語集

宝物

用語	読み方	意味
剣璽	けんじ	宝剣と神璽のこと。すなわち三種の神器の「草薙剣」と「八尺瓊勾玉」（127ページ）。また、三種の神器の総称をさすことも。
御物	ぎょぶつ	天子の所有品を意味するが、今は一般的に、宮内庁や皇室の所有品のこと。「ごもつ」「ぎょもつ」とも。
御由緒物	ごゆいしょぶつ	皇位とともに伝わるべき由緒ある物。約580点ほどあるといわれる。

付録 天皇家にまつわる用語集

献上・ご下賜

用語	読み方	意味
宮内庁御用達	くないちょう ごようたし	宮内庁に納入（有料）、または献上（無料）される品物のこと。実は、すでに廃止されている制度。大政奉還以前は「禁裏御用（きんりごよう）」と言った。
献上蛍	けんじょう ほたる	滋賀、京都、岐阜などから、季節になると皇室に贈られた蛍。特に滋賀県守山市では、明治35年から昭和中期まで蛍を献上してきたそう。
ボンボニエール	ぼんぼにえーる	Bonboniére（仏語）。もともとボンボン（Bonbon=砂糖菓子）を入れる菓子器。皇室では、金平糖（こんぺいとう）を銀製のボンボニエールに入れたものを宴会や祝い事の引き出物に用いる伝統がある。

付録 天皇家にまつわる用語集

お仕え

用語	読み方	意味
侍従職	じじゅうしょく	宮内庁の一部局。天皇皇后両陛下の御身近のことを担うと同時に、御璽や国璽を保管する。「じじゅうしき」とも。皇太子ご一家には、「東宮職（とうぐうしょく）」がつく。
毎朝御代拝	まいちょうごだいはい	毎日、休みもなく行われる侍従による拝礼。午前8時30分、宮内庁侍従職の当直侍従が賢所・皇霊殿・神殿を天皇に代わって拝礼する。
掌典職	しょうてんしょく	国家行政機関である宮内庁とは別の、皇室の祭祀を司る内廷の組織。掌典長以下、掌典次長、掌典、内掌典などが置かれている。

用語	読み方	意味
内掌典	ないしょうてん	宮中祭祀を担う掌典職のなかで、数人の未婚女性で構成される。皇居内に住み、祭祀に奉仕する。
御用掛	ごようがかり	専門的知識・経験を活かし、皇室に奉仕する人。宮内庁長官が任命する、非常勤の国家公務員で、定数は特にない。
侍医	じい	宮内庁侍従職に属し、天皇や皇族の診療に当たる医師のこと。なかでも皇室の医療を統括するものを「皇室医務主管」と呼ぶ。
宮内庁病院	くないちょうびょういん	宮内庁によって管理・運営されている国立病院。天皇陛下をはじめ皇族、さらに宮内庁・皇宮警察本部の職員とその家族、その他職員の紹介を受けた者のみが受診できるとされる。

式部職	しきぶしょく	皇室の儀式、雅楽・洋楽、鴨場接待など交際を担当。
書陵部	しょりょうぶ	皇室関係の文書や資料等の管理・編修と、陵墓の管理を行う部署。
皇宮警察	こうぐうけいさつ	天皇ご一家や皇族の護衛、皇居・御所などの警備を担当する警察組織。警察庁の付属機関。
八瀬童子	やせどうじ	八瀬＝比叡山の西側にある集落。童子＝寺院で雑役を担う人。明治天皇や大正天皇の棺を担いだ。

付録 天皇家にまつわる用語集

衣装・意匠

用語	読み方	意味
ローブ・デコルテ	ろーぶ・でこるて	robe décolletée（仏）。イブニングドレスの一種で、首元や胸元（デコルテ）を深くカットしたデザインのドレス。女性皇族は、ローブ・デコルテにティアラと勲章を加えた姿が正装となる。
ティアラ	てぃあら	tiara（仏）。正装する時に用いる宝石・花などをちりばめた婦人用の頭飾りのこと。ローブ・デコルテとともに頭上を飾り、勲章を着用するのが、女性皇族の正装。
プロトコール	ぷろとこーる	公式国際儀礼。宮廷晩餐会など、外国政府要人の来日の折には「プロトコール（＝国際的な基本儀礼・マナー）」に基づいた接遇を行う。

十二単	じゅうにひとえ	平安時代より、公家の女性の礼装とされる装束。12枚を重ねているわけではなく、「たくさん羽織る」ことを意味した俗称。正式名称は「五衣（いつつぎぬ）・唐衣（からぎぬ）・裳（も）」。
大垂髪	おおすべらかし	皇后や女性皇族が、十二単などを召す時の髪形。「さげがみ」「すべらかし」とも。
禁色	きんじき	天皇や皇族のみに許された袍（ほう＝上衣）の色。青（麴塵・きくじん）・深赤・黄丹（おうに）・くちなし・深紫・深緋・深蘇芳（ふかすおう）の七色。江戸末期まで厳守された。
黄櫨染	こうろぜん	嵯峨天皇以来、天皇の袍（ほう）に用いられる染地。黄櫨（はぜ）の樹皮と蘇芳（すおう）の心材の煎汁に、灰汁（あく）・酢などを混ぜて染めたもの。

用語	読み方	意味
黄丹袍	おうにのほう	701年の大宝律令（たいほうりつりょう）で定められた、皇太子だけが着用できる装束。黄丹＝昇る朝日を表す色。
窠に鴛鴦	かにおしどり	窠＝瓜の輪切の形に似た文様や紋所。一説に、蜂の巣の形とも。皇太子だけが許された高貴な有職文様。
有職文様	ゆうそくもんよう	平安時代以降、公家の装束や調度などに用いられた伝統的な文様。有職＝宮中の伝統的な行事や儀式に深い知識のある人。
白	しろ	皇后だけが着用できる最高位の色。

菊の御紋	きくのごもん	菊＝遣唐使などによりもたらされた外来種。音読みも訓読みも「きく」。天皇家のシンボルでもあり、日本国の象徴としてパスポートの表紙にも採用。
御旗御紋	みはたごもん	菊花紋を中心に、御旗をあしらった紋。赤ワイン用のグラス（宮中では「コップ」と称す）などに施されている。
お印	おしるし	皇族が用いる自らのシンボルマーク。御印章とも言う。江戸時代後期、光格天皇の皇子・皇女らが用いたものが起源とされている。
榮	えい	天皇陛下のお印。「桐」のこと。

付録 天皇家にまつわる用語集

皇室・皇族雑学

用語	読み方	意味
天皇・皇后・太皇太后・皇太后・皇嗣に対する名誉毀損や侮辱の罪	てんのう・こうごう・たいこうたいごう・こうたいごう・こうしにたいするめいよきそんやぶじょくのつみ	内閣総理大臣が代わって告訴する（刑法第232条）。
皇室会議	こうしつかいぎ	皇位継承や皇族離脱など、皇室に関する重要事項を決定する機関のこと。皇族2名・両院正副議長・内閣総理大臣・宮内庁長官・最高裁判所長官その他10人で構成される。
皇室典範	こうしつてんぱん	1947年公布。皇位継承など皇室に関する重要事項を規定する法律。

養子	ようし	養子縁組によって「子」となった者。「天皇・皇族は、養子をすることができない」（皇室典範第9条）。
民間（平民）出身	みんかん（へいみん）しゅっしん	かつて皇太子妃は、皇族や摂家（95ページ）などから選ばれるのが慣習だった。それに対し、それらに属さない＝平民（もしくは民間）の女性が天皇家に嫁いだことから、この言葉が生まれた。
皇統譜	こうとうふ	天皇や皇族の身分に関する事項を登録するもの。一般の戸籍にあたり、「大統譜（だいとうふ）」と「皇族譜」がある。「大統譜」＝天皇・皇后・太皇太后・皇太后の身分に関する事項を登録するもの。
表と奥	おもてとおく	宮内庁の仕事を、その特徴で分けたもの。「表」＝事務方。長官官房の部署を中心にし、秘書課・総務課など。「奥」＝侍従職や東宮職など。

用語	読み方	意味
The Emperor of Japan	ザ エンペラー オブ ジャパン	天皇皇后両陛下は、国賓として外国をご訪問なさるのでパスポートもビザも不要。かわりに、英文（上の表記）が書かれた名刺のような紙をお持ちになる。
金の箔押しの菊のご紋章	きんのはくおしのきくのごもんしょう	天皇皇后両陛下が主催者である宮中晩餐会の招待状には、金の箔押しの菊のご紋章がつく。
皇居勤労奉仕	こうきょきんろうほうし	毎年、全国から7000人が、皇居や赤坂御用地で清掃や庭園の作業に従事。勤労奉仕を希望する月の6カ月前から、宮内庁で受け付けている。
雅楽	ががく	日本最古の古典音楽。現在、その基準は宮内庁楽部が伝承するもので、国の重要無形文化財。

なかのみささぎ …………………… 124
物忌み／ものいみ ………………… 149
紅葉山御養蚕所／もみじやまごよう
さんじょ ………………… 144 157

や
刀／やいば ……………………… 69
八重畳／やえだたみ …………… 150
八百万神／やおよろずがみ …… 103
八尺瓊勾玉／やさかにのまがたま
…………………………… 127 163
八瀬／やせ ……………………… 167
八瀬童子／やせどうじ ………… 167
八咫／やた ……………………… 128
八咫鏡／やたかがみ …………… 127
八咫烏／やたがらす …………… 128
八咫鏡／やたのかがみ ………… 127
八岐大蛇／やまたのおろち
…………………………… 106 127
山吹／やまぶき ………………… 38
やもじ／やもじ ………………… 46
ややとと／ややとと …………… 66
やわやわ／やわやわ …………… 70

ゆ
ゆ／ゆ …………………………… 112
有職文様／ゆうそくもんよう … 170
ゆうなる／ゆうなる …………… 72
沐浴／ゆかわあみ ……………… 112
雪／ゆき ………………………… 40
ゆきのおまな／ゆきのおまな …… 67
ゆめがましい／ゆめがましい …… 64
ゆめゆめしい／ゆめゆめしい
……………………………… 45 61
ゆもじ／ゆもじ ………………… 46

よ
養子／ようし …………………… 173
用かなえる／ようかなえる ……… 56
節折／よおり …………………… 148
よこがみ／よこがみ …………… 70
よごし／よごし ………………… 71
余所余所へまいる／
よそよそへまいる ……………… 56
呼名／よびな …………………… 116
夜舟／よふね …………………… 43
四方／よほう …………………… 77
夜の食国／よるのおすくに …… 106
黄泉の国／よみのくに ………… 107
黄泉国／よもつくに …………… 106

り
立太子／りったいし …………… 125
立太子の礼／りったいしのれい 125
立坊／りつぼう ………………… 125
諒闇・諒陰・亮闇／りょうあん 124
陵所の儀／りょうしょのぎ …… 122
悋文字／りんもじ ……………… 62

れ
霊鵄／れいし …………………… 129
連翠／れんすい ………… 136 154
斂葬／れんそう ………………… 122

ろ
ろうあん／ろうあん …………… 124
ローブ・デコルテ／
ろーぶ・でころて ……………… 168

わ
わかご／わかご ………………… 51
わかさん／わかさん …………… 51
わこ／わこ ……………………… 51
私にまいる／わたくしにまいる … 56
わたす／わたす ………………… 45
わもじ／わもじ ………………… 46
わらわ／わらわ ………………… 49

宝祚／ほうそ …………………… 87
豊明殿／ほうめいでん ………… 154
宝物／ほうもつ ………………… 163
卜占／ぼくせん ………………… 107
ほしほし／ほしほし …………… 71
細物／ほそもの ………………… 73
ほもじ／ほもじ ………………… 46
ほりほり／ほりほり …………… 71
ボンボニエール／ぼんぼにえーる
……………………………… 164
本辞／ほんじ …………………… 109

ま
毎朝御代拝／まいちょうごだいはい
……………………………… 165
待兼／まちかね ………………… 42
まな／まな ……………………… 67
まま／まま ……………………… 72
豆の粉／まめのこ ……………… 24
まも／まも ……………………… 23
丸丸／まるまる ………………… 70
まわり／まわり ………………… 72
マンゲツモチ／まんげつもち … 144
まん／まん ……………………… 70
まんまん／まんまん …………… 70

み
御歌／みうた ……………… 88　143
帝・御門／みかど ……………… 85
三日の餅／みかのもちい ……… 120
三箇夜餅の儀／みかよもちのぎ
……………………………… 120
みぐし／みぐし ………………… 27
みくにゆずり／みくにゆずり … 130
御饌／みけ ………………… 111　150
御子／みこ ……………………… 91
みことのり／みことのり ……… 88
皇子尊／みこのみこと ………… 91
水茎／みずくき ………………… 36
水蔵／みずくら ………………… 36
水取／みずとり ………………… 77
みずの色／みずのいろ ………… 41
水の花／みずのはな …………… 41
みそみそ／みそみそ …………… 71
御霊代／みたましろ … 124 127 151
みだれがみ／みだれがみ ……… 23
御帳台／みちょうだい ………… 128
御旗御紋／みはたごもん ……… 171
みもじ／みもじ ……………46　76
みものおもい／みものおもい … 124
宮／みや ………………………… 89
宮家／みやけ …………………… 115
みやこ色／みやこいろ ………… 39
宮号／みやごう ………………… 115
御息所／みやすどころ ………… 53
みやすどころさん／みやすどころさん
……………………………… 53
行幸／みゆき …………………… 140
御幸鳥／みゆきどり …………… 39
みわ／みわ ……………………… 112
民間（平民）出身／みんかん（へいみん）しゅっしん ……………… 173

む
武蔵野陵／むさしののみささぎ
……………………………… 124
むし／むし …………………38　76
むつかしい／むつかしい ……45　64
むつかる／むつかる …………… 63
むもじ／むもじ ………………… 46
むらさき／むらさき …………37　76
紫／むらさき …………………… 37
紫の宮／むらさきのみや ……… 90

め
名家／めいけ ………………95　96
めぐり／めぐり ………………… 72
飯／めし ………………………… 27
めす／めす ……………………… 29
めもじ／めもじ ………………… 46

も
儲君／もうけのきみ …………… 91
朦々／もうもう ………………… 58
殯／もがり ……………………… 122
殯宮／もがりのみや …………… 122
百舌鳥耳原中陵／もずのみみはらの

…………………… 86 108 111
日本書紀／にほんしょき 103 109
ニホンマサリ／にほんまさり … 144
二文字／にもじ …………………… 68
にもじ／にもじ …………………… 46
認証官任命式／にんしょうかんにんめいしき …………………… 132

ぬ
ぬもじ／ぬもじ …………………… 46

ね
ねじねじ／ねじねじ …………… 34
猜文字／ねたもじ ………………… 62
根の国／ねのくに …………… 103
ねもじ／ねもじ …………………… 46

の
納采／のうさい ………………… 118
納采の儀／のうさいのぎ ……… 118
のぼり月／のぼりづき ………… 144
呑み言葉／のみことば …………… 82
のもじ／のもじ …………………… 46

は
拝謁／はいえつ ………………… 134
陪聴／ばいちょう ……………… 135
はぎのはな／はぎのはな ………… 23
帛御服／はくのごふく ………… 149
柱／はしら …………………… 104
初花／はつはな …………………… 56
はながら／はながら ……………… 35
はなだ／はなだ ……………38 66
花田／はなだ ……………………… 38
はもじ／はもじ …………………… 46
ぱもじ／ぱもじ …………………… 46
はやす／はやす …………………… 45
はりはり／はりはり ………… 34 71
はるのみやさん／はるのみやさん …………………………… 54
半家／はんけ ………………95 97

ひ
ひかく／ひかく …………………… 79
飛香舎／ひぎょうしゃ ………… 159
ひくい／ひくい …………… 45 64
ひぐらし／ひぐらし ……………… 76
彦御子／ひこみこ ………………… 91
饑い／ひだるい …………………… 28
日嗣の御子／ひつぎのみこ ……… 91
一文字／ひともじ ………………… 68
ひどる／ひどる …………………… 79
ひめみこ／ひめみこ …………91 92
姫宮／ひめみや …………………… 92
ひもじ／ひもじ …………………… 46
ひもじい／ひもじい ……………… 28
百人番所／ひゃくにんばんしょ 156
ひるくご／ひるくご ……………… 72
殯宮／ひんきゅう ……………… 122
便殿／びんでん ………………… 141

ふ
ふうする／ふうする ……………… 79
吹上大宮御所／ふきあげおおみやごしょ ……… 155
吹上御苑／ふきあげぎょえん … 155
吹上御所／ふきあげごしょ …… 155
藤壺／ふじつぼ ………………… 159
ふじのはな／ふじのはな ………… 74
伏見桃山陵／ふしみのももやまのみささぎ …………………… 124
伏見櫓／ふしみやぐら ………… 157
ふたふた／ふたふた ……………… 65
ふもじ／ふもじ …………………… 46
古事記／ふることぶみ ………… 109
プロトコール／ぷろとこーる … 168

へ
陛下／へいか …………………… 100
別火／べっか …………………… 112

ほ
袍／ほう ………………………… 169
布衣始め／ほういはじめ ……… 130
鳳凰馬車／ほうおうばしゃ …… 142
宝冠大綬章／ほうかんだいじゅしょう ……… 139
崩御／ほうぎょ …………… 88 121
茅闕／ほうけつ …………………… 87
褒章／ほうしょう ……………… 139

つ

追号／ついごう …………………… 123
つきのもの／つきのもの ………… 56
月見の宴／つきみのうたげ …… 143
月夜／つきよ ………………………… 40
月読尊・月夜見尊／つきよみのみこと・つくよみのみこと ………… 106
搗鴂／つくつく …………………… 78
壺切の御剣／つぼきりのぎょけん ………………………………… 125
壺切の御剣／つぼきりのごけん 125
壺切の剣／つぼきりのつるぎ … 125
妻恋鳥／つまこいどり …………… 39
つめたもの／つめたもの ………… 71
つもじ／つもじ …………………… 46

て

ティアラ／てぃあら …………… 168
帝葉／ていよう …………………… 93
手元／てもと ……………………… 30
手元・手許／てもと …………30 78
天位／てんい ……………………… 87
殿下／でんか …………………… 100
天枝／てんし ……………………… 93
天壌無窮の詔勅／てんじょうむきゅうのしょうちょく ………………… 108
天壌無窮の神勅／てんじょうむきゅうのしんちょく ………………… 108
天神地祇／てんじんちぎ ………………………104 129 152
天孫降臨／てんそんこうりん ……………………………… 104 108
天地開闢／てんちかいびゃく ………………………103 104 109
天人／てんにん ………………… 107
天皇・皇后・太皇太后・皇太后・皇嗣に対する名誉毀損や侮辱の罪／てんのう・こうごう・たいこうたいごう・こうたいごう・こうしにたいするめいよきそんやぶじょくのつみ ……… 172
天皇御璽／てんのうぎょじ …… 132

と

登仮・登遐・登霞／とうか ……… 88
桃華楽堂／とうかがくどう …… 156
童形服／どうぎょうふく ……… 117
当今／とうぎん …………………… 53
春宮・東宮／とうぐう ………54 91
東宮職／とうぐうしょく ……… 165
童形／どうけい ………………… 117
堂上家／どうじょうけ …………… 97
同心番所／どうしんばんしょ … 156
東庭／とうてい ………………… 155
とおさん／とおさん ……………… 52
年越草／としこえぐさ …………… 33
とと／とと ……………………39 67
とのさん／とのさん ……………… 52
ともじ／ともじ …………………… 50
ともじ／ともじ …………………… 46
豊明節会／とよのあかりのせちえ ………………………………… 154
とりとり／とりとり ……………… 52

な

内掌典／ないしょうてん ……… 166
内親王／ないしんのう ………… 114
内奏／ないそう ………………… 135
内廷皇族／ないていこうぞく … 115
内廷費／ないていひ …………… 161
直す／なおす ……………………… 30
なおす／なおす ………………30 45
ながいおまな／ながいおまな …… 67
なかご／なかご ………………… 111
中つ国／なかつくに …………… 107
なかぼそ／なかぼそ ……………… 78
なぎの花／なぎのはな ………… 123
なぎのはなのみこし／なぎのはなのみこし ………… 123
なつのもの／なつのもの ………… 69
波の花／なみのはな …………40 76
成らしゃる／ならしゃる ………… 82
なりもの／なりもの ……………… 69

に

新嘗祭／にいなめさい ……… 145 147 149 150 157
瓊瓊杵尊・邇邇芸命／ににぎのみこと

…………………………………… 129
鮮鯛料／せんたいりょう ……… 118
仙洞／せんとう …………………… 87
仙洞御所／せんとうごしょ …… 160
せんもじ／せんもじ ……………… 75

そ

葱華輦／そうかれん …………… 123
葬場殿の儀／そうじょうでんのぎ
…………………………………… 122
即位／そくい …………………… 126
即位後朝見の儀／……………………
そくいごちょうけんのぎ ……… 126
即位の礼／そくいのれい
…………………………… 126 142
即位礼正殿の儀／
そくいれいせいでんのぎ ……… 126
底つ国／そこつくに …………… 103
そなた／そなた …………………… 49
そなたさん／そなたさん ………… 50
その他の行為／そのたのこうい 131
そめがみ／そめがみ …………… 111
そもじ／そもじ ……… 38 46 49
そもじさま／そもじさま ………… 49
ぞろ／ぞろ ………………………… 73
そろえる／そろえる ……………… 45
ぞろぞろ／ぞろぞろ ……………… 73

た

台下／だいか …………………… 100
大饗の儀／だいきょうのぎ …… 129
大錦旛 ／だいきんばん ……… 128
大勲位菊花賞頸飾／ だいくんいきっかしょうけいしょく …………… 138
大勲位菊花大綬章 ／だいくんいきっかだいじゅしょう ……………… 139
大行天皇／たいこうてんのう
…………………………… 121 123
大黒柱／だいこくばしら ……… 104
大婚／たいこん ………………… 119
大祭／たいさい ………………… 145
大嘗会／だいじょうえ ………… 128
大嘗宮の儀／だいじょうきゅうのぎ
…………………………………… 129
大嘗祭／だいじょうさい
……………… 128 129 149 150
太上天皇／だいじょうてんのう
………………………………… 87 130
大臣家／だいじんけ …………95 96
大喪儀／たいそうぎ …………… 121
大喪（たいそう）の礼 …………… ／
たいそうのれい ………………… 121
大統譜／だいとうふ …………… 173
大日本国璽／だいにほんこくじ 133
大名華族／だいみょうかぞく …… 99
内裏／だいり ……………………… 89
内裏さまの国／だいりさまのくに
………………………………………… 89
たえだえしい／たえだえしい
………………………… 45 61 64
高千穂峰／たかちほのみね …… 108
高天原／たかまがはら
……………… 103 104 106 107
高御座／たかみくら …………… 128
太上皇／だじょうこう …………… 87
玉の池／たまのいけ ……………… 36
多摩陵／たまのみささぎ ……… 124
たもじ／たもじ …………………… 46
多聞／たもん …………………… 157
たれる／たれる ……………45 55
三大行幸啓／だんだいぎょうこうけい
…………………………………… 141

ち

千草の間・千鳥の間／
ちぐさのま・ちどりのま ……… 153
千葉／ちば ………………………… 43
着袴の儀／ちゃっこのぎ ……… 117
朝賀／ちょうが ………………… 128
朝見／ちょうけん ……………… 120
朝見の儀／ちょうけんのぎ …… 120
長秋宮／ちょうしゅうきゅう …… 90
鳥目／ちょうもく ………………… 79
長和殿／ちょうわでん ………… 154
勅旨／ちょくし …………………… 88

昭和天皇祭／しょうわてんのうさい …… 146
白糸／しらいと …… 39
しらいと／しらいと …… 73 74
白井餅／しらいもち …… 39
しらきん／しらきん …… 73
しらなみ／しらなみ …… 39
白／しろ …… 170
白御鳥／しろおとり …… 39
白酒／しろき …… 129 150
しろね／しろね …… 39 68
白物／しろもの …… 30
しろもの／しろもの …… 30 76
しろもの／しろもの …… 69
神恩／しんおん …… 146
神嘉殿／しんかでん …… 147 148
櫬宮／しんきゅう …… 122
神宮／じんぐう …… 110
進講／しんこう …… 135
神幸／しんこう …… 140
新穀／しんこく …… 112
神酒／しんしゅ …… 112
臣籍降下／しんせきこうか …… 99
神饌 ／しんせん …… 111
神勅／しんちょく …… 111
櫬殿／しんでん …… 122
神殿／しんでん …… 151 152 165
親任式／しんにんしき …… 132
信任状捧呈式／しんにんじょうほうていしき …… 153
新年一般参賀／しんねんいっぱんさんが …… 136
新年祝賀／しんねんしゅくが …… 154 155
新年祝賀の儀／しんねんしゅくがのぎ …… 153
親王／しんのう …… 114
心御柱／しんのみはしら …… 104
神武天皇／じんむてんのう …… 108 128 147 152
神武天皇祭／じんむてんのうさい …… 147
心文字／しんもじ …… 29 63
親文字／しんもじ …… 29 63

す

末摘草／すえつむくさ …… 39
末広／すえひろ …… 35
すかすか／すかすか …… 30 65 70
菅根鳥／すがねどり …… 39
素戔嗚尊・須佐之男命／すさのおのみこと …… 106 127
すなわち／すなわち …… 65
すべす／すべす …… 60
すべらかし／すべらかし …… 169
天皇／すべらき …… 85
すましもの／すましもの …… 79
皇子／すめみこ …… 92
皇孫・皇御孫／すめみま …… 86
皇女／すめみむすめ …… 92
天皇／すめらみこと …… 85
すもじ／すもじ …… 46
するする／するする …… 70

せ

清華家／せいがけ …… 95 96 98
成婚／せいこん …… 119
聖上／せいじょう …… 85
正殿梅の間／せいでんうめのま …… 153
正殿竹の間／せいでんたけのま …… 153
正殿松の間／せいでんまつのま …… 153
成年式／せいねんしき …… 117
生物学研究所／せいぶつがくけんきゅうじょ …… 157
関守／せきもり …… 42
摂家／せっけ …… 95
摂政／せっしょう …… 114 130
せもじ／せもじ …… 46
疝気／せんき …… 57
践祚／せんそ …… 126
践祚大嘗祭／せんそだいじょうさい

ごん／ごん …………………………… 69

さ The Emperor of Japan／
ザ エンペラー オブ ジャパン … 174
斎戒／さいかい ………………… 149
さいぎょう／さいぎょう ………… 34
斎宮の忌み詞／
さいぐうのいみことば ………… 111
祭祀／さいし …………………… 145
祭事／さいじ …………………… 111
歳旦祭／さいたんさい ………… 145
祭典／さいてん ………………… 111
斎田／さいでん ………………… 150
坂枕／さかまくら ……………… 150
冊立／さくりつ ………………… 125
さげがみ／さげがみ …………… 169
笹／ささ ………………………… 33
笹の実／ささのみ ……………… 33
さしあい／さしあい …………… 56
刺刀／さすが …………………… 80
ざっし／ざっし ………………… 29
里内裏／さとだいり …………… 89
さもじ／さもじ ………………46　76
三貴神／さんきしん …………… 106
三種の神器／さんしゅのじんぎ
……………… 106　126　127　163
三代将軍／さんだいしょうぐん
………………………………… 157
三の丸尚蔵館／
さんのまるしょうぞうかん …… 156
三方／さんぽう ………………… 77

し 侍医／じい …………………… 166
しおしお（え）／しおしお（え）
……………………………56　63
しおるる／しおるる …………… 63
地神／じがみ …………………… 104
式部職／しきぶしょく ………… 167
地下家／じげけ ………………… 97
祗候／しこう …………………… 122
諡号／しごう …………………… 123
輜車／じしゃ …………………… 123
侍従職／じじゅうしょく ……… 165
ししをする／ししをする ……… 56
紫宸殿／ししんでん …………… 128
史籍／しせき …………………… 109
至尊／しそん …………………… 85
認める／したためる …………… 30
したためる／したためる ……… 79
執柄家／しっぺいけ …………… 95
誄／しのびごと ………………… 124
賜杯／しはい …………………… 139
四方拝／しほうはい …………… 148
十三名家／じゅいさんめいけ …… 96
修学院離宮／しゅうがくいんりきゅう
………………………………… 160
秋季皇霊祭／しゅうきこうれいさい
………………………………… 152
秋季皇霊祭・神殿祭／しゅうきこう
れいさい・しんでんさい ……… 147
十善の位 ／じゅうぜんのくらい … 86
十二単／じゅうにひとえ ……… 169
従八位／じゅうはちい ………… 138
祝賀御列の儀／
しゅくがおんれつのぎ ………… 126
主上／しゅしょう ……………… 53
春季皇霊祭／しゅんきこうれいさい
………………………………… 152
春季皇霊祭・神殿祭／しゅんきこう
れいさい・しんでんさい ……… 146
巡行／じゅんこう ……………… 140
旬祭／しゅんさい ……………… 146
春秋の間／しゅんじゅうのま … 154
譲位／じょうい ………………… 130
正一位／しょういちい ………… 138
上皇／じょうこう ……………… 87
譲国／じょうこく ……………… 130
小祭／しょうさい ……………… 145
掌典職／しょうてんしょく …… 165
女王／じょおう ………………… 115
諸大夫の間／しょだいぶのま … 159
書陵部／しょりょうぶ ………… 167

皇室典範／こうしつてんぱん … 172
皇室用財産／こうしつようざいさん
…… 162
講書始の儀／こうしょはじめのぎ
…… 143
皇祖／こうそ …… 94
皇宗／こうそう …… 94
皇曽孫／こうそうそん …… 93
皇族費／こうぞくひ …… 161
皇祖考／こうそこう …… 94
皇祖皇宗／こうそこうそう
…… 94 149
皇祖妣／こうそひ …… 94
皇孫／こうそん …… 93
皇大神／こうたいしん …… 110
皇太孫／こうたいそん … 117 125
皇長子／こうちょうし …… 125
公的行為／こうてきこうい …… 131
皇統譜／こうとうふ …… 173
皇妣／こうひ …… 94
公賓／こうひん …… 137
皇霊／こうれい …… 152
皇霊殿／こうれいでん … 152 165
皇霊殿神殿に謁するの儀／
こうれいでんしんでんにえっするのぎ
…… 117 119
黄櫨染／こうろぜん …… 169
ご会釈／ごえしゃく …… 133
ご会見／ごかいけん …… 133 153
木枯らし／こがらし …… 78
御緩怠ながら／ごかんたいながら
…… 81
御帰還／ごきかん …… 141
御機嫌さん／ごきげんさん …… 61
御機嫌よう／ごきげんよう …… 82
御気丈さん／ごきじょうさん …… 61
国璽／こくじ …… 133
国事行為／こくじこうい
…… 121 126 130 131
国賓／こくひん …… 137
国母／こくも …… 86 93
ご公務／ごこうむ …… 132
御告文／ごこうもん …… 149
ここもじ／ここもじ …… 49
ここもと／ここもと …… 49
御座所／ごさしょ …… 89
午餐／ごさん …… 136
こしえらえる／こしえらえる …… 45
古事記／こじき …… 103 105 109
御所／ごしょ …… 151 155
御称号／ごしょうごう …… 116
ごしょさま／ごしょさま …… 54
ご親書／ごしんしょ …… 134
ご親電／ごしんでん …… 134
こずこず／こずこず …… 70
御静謐／ごせいひつ …… 59 60
ご接遇／ごせつぐう …… 134
ごぜん／ごぜん …… 72
ご大喪／ごたいそう …… 121
こち／こち …… 49
告期の儀／こっきのぎ …… 119
ごっさん／ごっさん …… 54
別天つ神／ことあまつかみ …… 104
小殿原／ことのばら …… 34
こなた／こなた …… 49
こなたさん／こなたさん …… 49
木の芽／このめ …… 75
こひら／こひら …… 67
ごふくさし／ごふくさし …… 36
五方／ごほう …… 77
こもじ／こもじ …… 46
ごもじ／ごもじ …… 51
薦枕／こもまくら …… 150
御由緒物／ごゆいしょぶつ …… 163
御用掛／ごようがかり …… 166
御養蚕／ごようさん …… 144
御用邸／ごようてい …… 158
ご遙拝／ごようはい …… 147
こりこり／こりこり …… 34
御料車／ごりょうしゃ …… 142
御寮人／ごりょうにん …… 51
御料牧場／ごりょうぼくじょう 158

金闕／きんけつ …………………… 89
金鵄／きんし ………………… 129
ぎんし／ぎんし …………………… 73
禁色／きんじき ………………… 169
禁中さん／きんちゅうさん ……… 53
金の箔押しの菊のご紋章／きんのはくおしのきくのごもんしょう … 174
禁裏・禁裡／きんり ……………… 85
禁裏御用／きんりごよう ……… 164

く
公家／くげ ………………………… 95
公卿／くぎょう …………………… 95
公家華族／くげかぞく …………… 98
公家訓み／くげよみ ……………… 97
供御／くご ……………………68 72
九献／くこん ……………………… 75
草薙剣／くさなぎのつるぎ …………………………… 127 163
旧辞／くじ ……………………… 109
供進／ぐしん …………………… 150
供膳の儀／くぜんのぎ ………… 120
宮内庁御用達／くないちょうごようたし ……… 164
宮内庁病院／くないちょうびょういん …………………………… 166
国生み／くにうみ ……………… 105
国つ神／くにつかみ …… 103 104
国の親／くにのおや ……………… 86
くもじ／くもじ …………………… 46
くもじながら／くもじながら …… 81
供物／くもつ …………………… 111
雲の上／くものうえ ……………… 89
来る来る／くるくる ……………… 44
呉織／くれはとり ………………… 42
黒御鳥／くろおとり ……………… 39
黒酒／くろき …………… 129 150
黒物／くろもの …………………… 77
勲記／くんき …………………… 133
勲章／くんしょう ……………… 138
勲章親授式／くんしょうしんじゅしき ……… 153

け
猊下／げいか …………………… 100
結婚の儀／けっこんのぎ ……… 119
潔斎／けっさい ………………… 149
月波楼／げっぱろう …………… 160
けもじ／けもじ …………………… 46
剣璽／けんじ …………………… 163
げんじ／げんじ …………………… 29
元始祭／げんしさい …………… 146
剣璽等承継の儀／けんじとうしょうけいのぎ …… 126
献上蛍／けんじょうほたる …… 164

こ
ごあしゃる／ごあしゃる ………… 59
小石丸／こいしまる …………… 144
ご引見／ごいんけん …… 133 153
こう／こう ………………………… 76
皇位とともに伝わるべき由緒ある物／こういとともにつたわるべきゆいしょあるもの ……………………… 126
皇胤／こういん …………………… 93
薨去／こうきょ ………………… 121
皇居／こうきょ …………… 89 151
皇居勤労奉仕／こうきょきんろうほうし ……… 174
皇居東御苑／こうきょひがしぎょえん …………………………… 156
皇宮警察／こうぐうけいさつ … 167
皇后宮／こうごうぐう …………… 90
香香／こうこう ………………71 74
皇考／こうこう …………………… 94
皇室／こうしつ …………… 90 114
皇室医務主管／こうしついむしゅかん ………… 166
皇室会議／こうしつかいぎ …… 172
皇室経済会議／こうしつけいざいかいぎ ……… 162
皇室財産の相続／こうしつざいさんのそうぞく … 162
公式実務訪問賓客／こうしきじつむほうもんひんきゃく …………… 137

華族会館／かぞくかいかん ……… 99
片目／かため ………………………… 66
かちん／かちん ……………………… 73
がちん／がちん ……………………… 24
閣下／かっか ……………………… 100
かつかつ／かつかつ ……………… 70
桂離宮／かつらりきゅう ……… 160
かどのこ／かどのこ ……………… 70
窠に鴛鴦／かにおしどり ……… 170
かのひと／かのひと ……………… 44
家扶／かふ ………………………… 99
果物／かぶつ ……………………… 69
かべ／かべ ………………………… 74
かべしろもの／かべしろもの …… 74
上御一人／かみごいちにん ……… 85
神事／かみごと・しんじ ……… 111
神酒／かみさけ ………………… 112
神沙汰／かみさた ……………… 111
髪長／かみなが ………………… 111
神の宮／かみのみや …………… 110
神の宮居／かみのみやい ……… 110
かもじ／かもじ ………………… 46
鴨場／かもば …………………… 158
からから／からから …………… 70
かりや／かりや ………………… 56
家令／かれい …………………… 99
華輦／かれん …………………… 123
川浴／かわあみ ………………… 112
蝙蝠／かわほり ………………… 80
還御／かんぎょ ………………… 140
還啓／かんけい ………………… 141
還幸／かんこう ………………… 140
還幸啓／かんこうけい ………… 140
かんごと／かんごと …………… 111
上達部／かんだちめ …………… 95
神嘗祭／かんなめさい ………… 147
かんわざ／かんわざ …………… 111

き
記紀神話／ききしんわ
……………………… 103　105　107
菊の御紋／きくのごもん ……… 171
轜車／きぐるま ………………… 123
后・妃／きさき ………………… 90
儀装車／ぎそうしゃ …………… 142
北溜・南溜／……………………………
きただまり・みなみだまり …… 155
黄な粉／きなこ ………………… 24
衣被ぎ／きぬかずき …………… 23
衣被ぎ／きぬかつぎ …………… 23
祈年祭／きねんさい …………… 145
貴賓室／きひんしつ …………… 142
きみさん／きみさん …………… 53
花車商い／きゃしゃあきない …… 41
花文字／きゃもじ ……………… 41
旧華族／きゅうかぞく ………… 98
宮闕／きゅうけつ ……………… 89
旧辞／きゅうじ ………………… 109
宮室／きゅうしつ ……………… 90
宮城／きゅうじょう ……… 89　151
宮中饗宴の儀…／きゅうちゅうきょうえんのぎ ………………… 120
宮中祭祀／きゅうちゅうさいし　145
宮中三殿／きゅうちゅうさんでん
……………………… 126　145　151
宮中晩餐／きゅうちゅうばんさん
…………………………………… 136
宮廷費／きゅうていひ ………… 162
宮殿／きゅうでん ……… 151　152
饗宴の儀／きょうえんのぎ …… 126
行啓／ぎょうけい ……………… 141
行幸／ぎょうこう ……………… 140
京都皇宮／きょうとこうぐう … 159
京都御所／きょうとごしょ …… 159
きよくなる／きよくなる ……… 56
御剣を賜うの儀／
ぎょけんをたまわうのぎ ……… 116
行幸啓／ぎょこうけい ………… 140
御璽／ぎょじ ………… 132　165
ぎょしなる／ぎょしなる ……… 59
御製／ぎょせい ………… 88　143
御物／ぎょぶつ ………………… 163
禁闕／きんけつ ………………… 89

おみあせ／おみあせ ………………… 55
御味御汁・御御御付け／おみおつけ
……………………………………25　76
おみかお／おみかお ………………… 55
おみかき／おみかき ………………… 76
おみからだ／おみからだ ………… 55
御御酒／おみき ………………… 112
おみこし／おみこし ………………… 59
御水気／おみずけ …………………… 58
御味噌／おみそ ……………………… 21
女郎花／おみなえし ………………… 41
おみなかだつ／おみなかだつ …… 62
おみみ／おみみ ……………………… 21
おみやごころ／おみやごころ …… 26
おむさむさ／おむさむさ ………… 58
おむさむささま／おむさむささま
……………………………………… 58
おむさむささん／おむさむささん
……………………………………… 58
御蒸し／おむし ……………………… 76
おむしのおつゆ／おむしのおつゆ
……………………………………… 76
お結び／おむすび …………………… 21
おむら／おむら ……………………… 76
おめくらし／おめくらし ………… 78
おめぐり／おめぐり …………56　78
おめし／おめし ……………………… 69
おめしのはな／おめしのはな …… 72
御召し物／おめしもの …………… 27
お召し列車／おめしれっしゃ … 142
御目文字／おめもじ ………………… 28
おもいの珠／おもいのたま ……… 35
おもうさん／おもうさん ………… 50
おもじ／おもじ ……………………… 46
おもちゃ／おもちゃ ………………… 26
表御座所棟／おもてござしょとう
…………………………………… 152
表と奥／おもてとおく ………… 173
おもやもや／おもやもや ………… 65
お厄／おやく ………………………… 56
お休み所／おやすみどころ …… 141
おゆがみ／おゆがみ ………………… 26
おゆに／おゆに ……………………… 24
おゆのした／おゆのした ………… 24
御許しあそばせ／おゆるしあそばせ
……………………………………… 81
およしよし／およしよし ……58　65
およしよしさん／
およしよしさん …………………… 58
およなが／およなが ………………… 72
およなる／およなる ………………… 72
およね／およね ……………………… 69
およる／およる ……………………… 59
およわさん／およわさん ………… 58
おるは／おるは ……………………… 68
おわしゃる／おわしゃる ………… 59
おわりもの／おわりもの ………… 73
御思い／おんおもい …………… 124
御直宮／おんじきみや …………… 92
御名／おんな …………………… 116
女御子／おんなみこ ………………… 92
御廻／おんまわり …………………… 72
おみや／御土産 ……………………… 26
御誄／おんるい ………………… 124

か

がいきけ／がいきけ ………………… 57
がいびょう／がいびょう ………… 57
かいろう／かいろう ………………… 67
家格／かかく ………………………… 95
雅楽／ががく …………………… 174
かがみもの／かがみもの ………… 67
かきがちん／かきがちん ………… 24
畏き辺り／かしこきあたり ……… 86
賢所／かしこどころ
………………… 117　148　151　165
賢所大前の儀／
かしこどころおおまえのぎ …… 119
賢所御神楽／かしこどころみかぐら
…………………………… 145　148
数数／かずかず ……………………… 70
霞会館／かすみかいかん ………… 99
華族／かぞく ………………………… 98

おちごさん／おちごさん ………… 51
お茶・お茶会／おちゃ・おちゃかい
……………………………… 135
お鳥目／おちょうもく …………… 79
おちる／おちる ………………… 55
おつぎ／おつぎ ………………… 55
御作り／おつくり ……………… 22
おつけ／おつけ ……………25 72
御告文／おつげぶみ …… 145 149
御常御殿／おつねごてん ……… 159
おつぶり／おつぶり …………… 27
おつべた／おつべた …………… 75
おつまみ／おつまみ …………… 74
御頭／おつむ …………………… 27
おつめた／おつめた …………… 75
おてあそばす／おてあそばす …… 60
おてがつく／おてがつく ………… 60
おてつく／おてつく …………… 60
お手無し／おてなし …………… 56
御手元／おてもと ……………… 78
御手元金／おてもときん ……… 161
出物／おでもの ………………… 58
御田／おでん …………………… 23
御東／おとう …………………… 56
おとうにゆく／おとうにゆく …… 56
おとおし／おとおし …………… 80
御通／おとおし ………………… 42
御徳日／おとくび ……………… 45
おとこへなる／おとこへなる …… 59
おとしめし／おとしめし ……… 52
御中／おなか …………………… 25
おなか／おなか ………………… 29
おながもの／おながもの ……… 73
おなつかし／おなつかし ……… 45
お撫で／おなで ………………… 80
おなでもの／おなでもの ……… 80
おなま／おなま ………………… 71
おなら／おなら ………………… 28
おならし／おならし …………… 68
お成り／おなり ……………… 141
おなれぐさ／おなれぐさ ……… 80
おにいさん／おにいさん ………… 50
おにぎにぎ／おにぎにぎ ……62 65
おにつかる／おにつかる ………… 62
お粘り／おぬめり ……………… 66
御温／おぬる …………………… 57
おぬるうすし／おぬるうすし …… 57
おぬるけ／おぬるけ …………… 57
おねいさん／おねいさん ………… 51
おねばりのおうわゆ／
ゆおねばりのおうわゆ ………… 73
磤馭慮島／おのころじま ……… 105
おは／おは ……………………… 22
御袴／おはかま ……………… 116
御萩／おはぎ ………………23 41
おはっしもの／おはっしもの …… 58
おはながら／おはながら ………… 35
おはま／おはま ………………… 71
お恥文字／おはもじ …………… 63
おはやばや／おはやばや ………… 65
おばん／おばん ………………… 72
おひしひし／おひしひし ……62 65
お冷／おひや ………………21 75
御冷や／おひや ………………… 21
おひやし／おひやし …………… 75
御平／おひら …………………… 67
おひる／おひる ………………… 59
御昼なる／おひるなる ………… 59
おひるぶれ／おひるぶれ ……… 59
おひろけ／おひろけ …………… 58
おひろびろ／おひろびろ ……… 65
おふかしき／おふかしき ……… 58
御塞気／おふさげ ……………… 58
おふでき／おふでき …………… 58
御舟入／おふねいり ………… 122
おまけ／おまけ ………………… 56
おまな／おまな ………………… 67
お守り刀／おまもりがたな …… 116
お眉毛取り／おまゆとり ……… 80
おまる／おまる ………………… 55
おまわり／おまわり …………… 72
おみ／おみ ……………………… 25

おおとののさん／おおとののさん …… 52
大祓／おおはらい ………………… 148
大日霎貴／おおひるめのむち … 106
大御祖／おおみおや ……………… 94
大御位／おおみくらい …………… 87
大御心／おおみごころ …………… 88
大御言／おおみこと ……………… 88
大御宝／おおみたから …………… 88
大道庭園／おおみちていえん … 157
大宮／おおみや …………………… 93
大宮御所／おおみやごしょ ……… 54
おおみやさん／おおみやさん …… 54
皇居／おおもと …………………… 89
おかか／おかか …………………… 22
御抱え／おかかえ ………………… 30
おかかえ／おかかえ ……………… 30
御欠き／おかき …………………… 24
おかくれ／おかくれ ……………… 60
おかけ／おかけ …………………… 72
おかし／おかし …………………… 61
御数・御菜／おかず ……………… 22
御壁／おかべ ……………………… 74
御上／おかみ …………………53 85
おかみがた／おかみがた ………… 54
おかみさん／おかみさん ………… 52
陸湯／おかゆ ……………………… 24
御粥／おかゆ ……………………… 24
御殻／おから ……………………… 23
お妃教育／おきさききょういく 119
お気文字／おきもじ ……………… 63
御供御／おくご …………………… 72
おくさもの／おくさもの ………… 68
御髪／おぐし ……………………… 27
御髪澄／おぐしすまし …………… 80
諡／おくりな …………………… 123
御黒／おくろ ……………………… 78
おくろもの／おくろもの ………… 78
御香香／おこうこう ……………… 74
おこがまき／おこがまき ………… 58
おこし／おこし …………………… 72
おこぶし／おこぶし ……………… 66
御強／おこわ ……………………… 24
御菜／おさい ……………………… 22
おさない／おさない ……………… 52
おさびさび／おさびさび ………… 62
おさわがし／おさわがし ………… 68
おしおづけ／おしおづけ ………… 74
おしす／おしす …………………… 43
お静まる／おしずまる …………… 59
御下地／おしたじ ………………… 76
おしたまじりのおうわゆ／
おしたまじりのおうわゆ ………… 73
御仕舞／おしまい ……………22 80
おじや／おじや …………………… 21
おしゃもじ／おしゃもじ ………… 26
おしる／おしる …………………… 72
お印／おしるし ………………… 171
お皺物／おしわもの ……………… 74
御末／おすえ ……………………… 35
おすきさん／おすきさん ………… 58
おすすぎ／おすすぎ ……………… 79
おすずり／おすずり ……………… 36
おすそ／おすそ …………………… 55
御滑り／おすべり ………………… 60
おすまし／おすまし ……………… 79
おすやすや／おすやすや ……36 62
おするする／おするする ………… 65
おせん／おせん …………………… 57
お息文字／おそくもじ …………… 63
おそそもじ／おそそもじ ………… 63
御供／おそなえ …………………… 28
御供餅／おそなえもち …………… 28
おそもうじさま／おそもうじさま
……………………………………… 50
おそもじさま／おそもじさま …… 50
おだい／おだい …………………… 72
御宝／おたから ………………45 79
おたける／おたける ……………… 62
おたたさん／おたたさん ………… 50
おたのもうします／おたのもうします
……………………………………… 81
おたむけもの／おたむけもの …… 26

いりいり／いりいり …………………… 71
いろねこ／いろねこ ………… 51 39
いろのこ／いろのこ …………………… 24
色のとと／いろのとと ……………… 39
いろのまる／いろのまる …… 39 68
いろのみず／いろのみず …… 25 39
斎宮／いわみや ………………………… 110
院御所様／いんごしょさま ……… 54

う
上様／うえさま ………………………… 53
うきうき／うきうき ………………… 70
誓約／うけい ……………………………… 107
薄墨／うすずみ ………………………… 38
歌会始の儀／うたかいはじめのぎ
…………………………… 143 153
うちまき／うちまき ………………… 69
顕国・現国／うつしくに ……… 103
うつうつしい／うつうつしい …… 61
うつぼ／うつぼ ………………………… 68
うのはな／うのはな ………………… 23
卯の花／うのはな …………………… 41
うまうま／うまうま ………………… 72
うまふさ／うまふさ ………………… 69
うもじ／うもじ ………………46 75
羽林家／うりんけ ……………95 96

え
榮／えい……………………………… 171
栄典／えいてん ……………………… 138
英雄家／えいゆうけ ………………… 96
葡萄色／えびいろ …………………… 38
葡萄葛／えびかずら ………………… 38
えもじ／えもじ ………………46 67
えもん／えもん ……………………… 70
園遊会／えんゆうかい ………… 136

お
御足／おあし ………………………… 79
御合／おあわせ ……………………… 43
お息巻／おいきまき ………………… 62
美味しい／おいしい ………………… 25
お伊勢さん／おいせさん ……… 110
おいた／おいた ………………………… 30
おいたいたしい／おいたいたしい
………………………………………… 63
おいたみ／おいたみ ………………… 76
おいど／おいど ………………………… 55
おいとしい／おいとしい ………… 63
おいとぼい／おいとぼい ………… 61
おいとぼいさん／おいとぼいさん
………………………………58 61
おいぼいぼしい／おいぼいぼしい
………………………………………… 64
御色／おいろ …………………………… 39
おいろふで／おいろふで ………… 80
王／おう ……………………………… 114
おうつうつ／おうつうつ ……36 62
おうっとり／おうっとり ………… 62
黄丹／おうに ………………………… 169
黄丹袍／おうにのほう ………… 170
御初召／おうぶめし …………… 117
おうらさん／おうらさん ………… 52
おうり／おうり ………………………… 69
おうわゆ／おうわゆ ………………… 73
おえり／おえり ………………………… 55
おおおまな／おおおまな ………… 67
おおおもやもや／おおおもやもや
………………………………………… 65
おおおもやもやもや／
おおおもやもやもや ……………… 65
皇太后宮／おおきさいのみや …… 93
大后／おおきさき …………………… 90
おおきすめらみこと／
おおきすめらみこと …………… 130
大君／おおきみ ……………………… 85
大君女／おおきみおんな ………… 92
大国主命／おおくにぬしのみこと 107
大垂髪／おおすべらかし ……… 169
大手門／おおてもん …………… 156
おおとと／おおとと ………………… 66

索引

あ
葵／あおい……38　44
滄海原の潮の八百重／
あおうなばらのしおのやおえ……106
青物／あおもの……22
赤／あか……37　68
あかあか／あかあか……37　68
あかおまな／あかおまな……37　67
あかこわいい／あかこわいい……24
茜／あかね……36
茜さす／あかねさす……36
あかのくご／あかのくご……68
殯宮／あがりのみや……122
あがる／あがる……29
現つ神／あきつかみ……85
秋の宮／あきのみや……90
浅浅／あさあさ……71
あさい／あさい……59
朝顔／あさがお……33
葦原の中つ国／あしはらのなかつくに……107
あせ／あせ……55
あそばされる／あそばされる……81
あそばす／あそばす……81
あつもの／あつもの……73
甘九献／あまくこん……75
天降り人／あまくだりびと……107
あまくもじ／あまくもじ……75
天つ神／あまつかみ……103
天照大神／
あまてらすおおみかみ……106
あまてるかみ／あまてるかみ……106
天叢雲剣／あまのむらくものつるぎ……127
あまもの／あまもの……68
あもじ／あもじ……46　51
綾／あや……42
荒々しい／あらあらしい……30

あらあらしい／あらあらしい……30　61　64
殯宮／あらきのみや……122
あらしゃいます／あらしゃいます……82
現人神／あらひとがみ……85
ありあけ／ありあけ……29 68

い
いえのすけ／いえのすけ……99
位階／いかい……138
伊奘諾尊・伊邪那岐命／
いざなぎのみこと……105
伊奘冉尊・伊邪那美命／
いざなみのみこと……105
美し／いし……34
いしいし／いしいし……34　70
伊勢神宮／いせじんぐう……110
一代一度／いちだいいちど……129
一の御子／いちのみこ……91
一の宮／いちのみや……91
一荷の酒／いっかのさけ……118
斎宮／いつきのみや……110
一世一代／いっせいちだい……129
五衣・唐衣・裳／
いつつぎぬ・からぎぬ・も……169
いと／いと……74
従兄弟煮／いとこに……25
糸引き／いとひき……74
いとぼい／いとぼい……61
幼宮／いとみや……92
いともの／いともの……73
因幡の白兎／いなばのしろうさぎ……107
いね／いね……51
井の中／いのなか……75
今内裏／いまだいり……89
今宮／いまみや……92
斎宮／いみみや……110
いもじ／いもじ……46　70
妹背鳥／いもせどり……35

参考文献　参考資料

宮内庁ホームページ
http://www.kunaicho.go.jp/

『御所ことば』
井之口有一／堀井令以知著　雄山閣

『週刊ダイヤモンド』
2016年9月7日号
ダイヤモンド社

『図説　天皇家のしきたり案内』
「皇室の20世紀」編集部編
小学館
『日本国語大辞典』
小学館
『日本大百科全書』
小学館
『日本の礼儀作法～宮家のおしえ～』
竹田恒泰著　マガジンハウス
『違いがわかる「食べもの」うんちく事典』
日本博学倶楽部　PHP文庫

青春文庫

「おむすび」は神《かみ》さまとの縁結《えんむす》び!?
暮《く》らしの中《なか》にある「宮中《きゅうちゅう》ことば」
雅《みやび》な表現《ひょうげん》から知《し》る言葉《ことば》に込《こ》められた想《おも》い

2018年6月20日　第1刷

著　者　知《ち》的《てき》生《せい》活《かつ》研《けん》究《きゅう》所《じょ》
発行者　小澤源太郎
責任編集　株式会社プライム涌光
発行所　株式会社青春出版社
〒162-0056　東京都新宿区若松町 12-1
電話 03-3203-2850（編集部）
03-3207-1916（営業部）
振替番号　00190-7-98602
印刷／大日本印刷
製本／ナショナル製本
ISBN 978-4-413-09698-0

ほんとうのあなたに出逢う　青春文庫

ヨソでは聞けない話
「食べ物」のウラ

㊙情報取材班［編］

解凍魚でも「鮮魚」と名乗れるのはなぜ？ほか、カシコく、楽しく、美味しく食べるための必携本！

(SE-696)

失われた世界史
封印された53の謎

歴史の謎研究会［編］

世界を震撼させた「あの事件」はその後…。ジャンヌ・ダルク、曹操の墓、ケネディ暗殺…。読みだすととまらない世界史ミステリー。

(SE-697)

「おむすび」は神さまとの縁結び!?
暮らしの中にある「宮中ことば」

知的生活研究所

宮中などで使われていた上品で雅な言葉。じつはその心は今も息づいています。〝雅な表現〟の数々を紹介！

(SE-698)

伸び続ける子が育つ
お母さんの習慣

高濱正伸

「将来、メシが食える大人に育てる」ためにお母さんにしかできないこととは？ 10万人が笑い泣いたベストセラー、待望の文庫化！

(SE-699)